网店客服
职场菜鸟28天逆袭记

吴军 著　孟晓宇 插画

电子工业出版社
Publishing House of Electronics Industry
北京·BEIJING

内 容 简 介

本书是一本针对网店客服的工作手册，既能帮助新手客服快速掌握客服岗位的服务流程，又能有效地帮助在岗客服提升核心技能。本书主要介绍了一个小白客服小蓝入职 28 天的成长经历，通过轻松幽默的故事情节让大家跟随小蓝一起，一步步蜕变成一名优秀的专业客服，打一场漂亮的职场逆袭战。

全书分为 4 章。第 1 章"菜鸟客服创造营"，主要针对新手客服进行基础知识培训；第 2 章"菜鸟客服现形记"，通过大量的案例还原服务的场景，阐述客服接待中的一些常见问题及优化方案；第 3 章"菜鸟客服养成记"，对有一定工作经验但是想突破服务岗位工作瓶颈的客服而言，这是关键，介绍了如何从单一应答的基础客服蜕变成有引导性的专业客服；第 4 章"菜鸟客服升职记"，对于售后服务、团队管理等综合业务能力的提升进行了综合阐述。

未经许可，不得以任何方式复制或抄袭本书之部分或全部内容。
版权所有，侵权必究。

图书在版编目（CIP）数据

网店客服：职场菜鸟 28 天逆袭记 / 吴军著. —北京：电子工业出版社，2021.7
ISBN 978-7-121-41485-5

Ⅰ.①网… Ⅱ.①吴… Ⅲ.①网店－商业服务 Ⅳ.①F713.365.2

中国版本图书馆 CIP 数据核字（2021）第 127765 号

责任编辑：张彦红　　　　特约编辑：赵树刚
印　　刷：中国电影出版社印刷厂
装　　订：中国电影出版社印刷厂
出版发行：电子工业出版社
　　　　　北京市海淀区万寿路 173 信箱　　邮编：100036
开　　本：720×1000　1/16　　印张：12.25　　字数：194 千字
版　　次：2021 年 7 月第 1 版
印　　次：2021 年 7 月第 1 次印刷
印　　数：3500 册　　定价：79.00 元

凡所购买电子工业出版社图书有缺损问题，请向购买书店调换。若书店售缺，请与本社发行部联系，联系及邮购电话：（010）88254888，88258888。

质量投诉请发邮件至 zlts@phei.com.cn，盗版侵权举报请发邮件至 dbqq@phei.com.cn。
本书咨询联系方式：010-51260888-819，faq@phei.com.cn。

前言

创作本书的最初想法来源于 2013 年，那时我刚刚成为一名知名电商培训机构的讲师，要打磨一门系统的客服课程，当时就想：试图告诉别人应该怎么做，自己可能还没有足够的能力，但是我可以分享自己是如何做的；如果大家能从我这一路成长的经历中有所思考和感受，想必会成为比我更优秀的客服。所以，客服小白的形象瞬间就跃然纸上了，我正是从一个客服小白成长为一名专业的客服培训讲师的。

我第一天上岗接待顾客时的紧张激动、手忙脚乱、犯的一些小错误、闹的一些小笑话、受的一些小委屈，哪怕已过去十几年，此刻想来还如昨天一般清晰可见、历历在目。因此，每次我在培训新客服时，会不断地提醒自己不忘初心，不要忘记自己是一个新人时的状态，保持对工作的敬畏之心，即使已经有好多年不做客服工作了，但是我也知道大家会面临什么样的问题。

本书不是严谨的教科书，大家只需将其作为一个职场小白的逆袭故事轻松阅读即可。本书主要介绍了新手客服小蓝在不同时期的工作状态，以及面临的关键问题，在阅读过程中希望大家能陪着小蓝一步步从职场小白蜕变成一名优秀的客服。每个人的成长都需要过程，期间我们也许会走得慢，但是我们从不会停止，只要目标在那里，就总会离它越来越近。

岗位成长阶段可以分为熟悉的四象限模式。**第一阶段，无意识的无能**。很多刚到客服岗位工作的人对这个岗位的认知都是只要会打字、会聊天即可，认为这是一个门槛比较低的基础岗位，但实际上客服岗位需要学习的东西有很多。**第二阶段，有意识的无能**。经历过初上岗的挫折后，大家会清楚地认识到一名客服从会做到做好还有很远的距离，但是不用担心，只要愿意学习，什么时候都不晚。**第三阶段，有意识地胜任**。工作开始渐入佳境，但是这个过程依旧会遇到很多新问题，所以大家要继续学习，全面提升自己的能力。**第四阶段，不自觉地胜任**。对于这个阶段的客服，其工作习惯已初步养成，很多事情会惯性地去做，也要警惕"仅仅是重复，而不是刻意的练习"，销售岗位最不能少的就是工作热情和积极的探索，所以即使已经到了胜任阶段，也需要打破壁垒，继续对售后工作、数据管理各方面的工作展开学习。

第 1 章　菜鸟客服创造营。看过"创造营"这类综艺节目的读者都知道，此时的偶像们仅仅只是路人甲，同理，并不是你应聘上客服岗位就会立马上岗，要经过基础的岗前培训，了解平台规则，掌握工具软件，懂得交易规则，并且熟悉所销售的商品，同时要具备一个良好的岗位心态，认真对待每一关的学习，坚持下来的会进入更具挑战性的下一阶段，毕竟"纸上得来终觉浅，绝知此事要躬行"。

第 2 章　菜鸟客服现形记。本章主要介绍客服小蓝通过上岗后的一次次小挫折，暴露出来专业知识的匮乏，面对各种问题的束手无策，她也意识到自己和优秀客服之间的差距，开始主动跟着大魏师父学习，逐渐掌握各种销售技能。失败只是暂时的，但是教训却拥有长远的价值，每一个职场新人都有试错的机会，但是没有在同一个坑里反复摔倒的权利，所以总结初期上岗的宝贵经验非常重要。

第 3 章　菜鸟客服养成记。销售最终是和人打交道的，所以销售人员是绕不过心理这道门槛的。很多顾客在消费过程中处于一种非理性状态，那么作为优秀的客服，如何洞悉顾客的购物心理，并且利用这些心理促成交易转化？此时**客服已从被动地解决咨询问题转变为主动地了解需求问题**。

第 4 章　菜鸟客服升职记。数据分析一直被归为运营岗位的核心技能，殊不知，如果不懂客服数据，不能从客服数据中分析销售中存在的问题，同样是做不好销售的。服务质量是一个不可量化的虚词，但是我们通过客服的响应时间、答问比、服务时长等这些具体的数据分析就可以判断出一名客服是否具备积极的服务态度。很多时候，客服需要跳出一单一笔的销售提成，需要看到全店的销售计划、团队最终的销售目标，而这些需要拓展更全面的专业知识。

小蓝在大魏师父的帮助下、在无双主管的指导下、在同薇薇和萌萌客服的竞争中，一步步完成了职场的逆袭。28天只是工作历程的一个短暂阶段，但是在最初阶段打好扎实的基本功，相信后面的路都是坚实而有意义的。

特别感谢我的师父施蕾女士，从我踏入这个行业开始，她就是我的领路人，不但拓展了我的视野，而且给了我无尽的信心，让我能一直坚持目标。同时，非常感谢我的合作人蒋升超，10年的工作默契，彼此的信任扶持，希望在未来的工作中，我们能在客服这个专业领域影响更多的新人。最后，以我们公司的口号为结束语"做客服，我们是认真的"，希望同路的每一位客服人都能完成一次漂亮的逆袭。

作　者

读者服务

微信扫码回复：41485

- 加入"电商"读者交流群，与更多同道中人互动
- 获取【百场业界大咖直播合集】（永久更新），仅需1元

目录

第 1 章　菜鸟客服创造营 1

1.1　5G 时代的客服定位 2
    1.1.1　对销售有信心 3
    1.1.2　热情服务 4
    1.1.3　对顾客有耐心 5
    1.1.4　诚意 6
    1.1.5　合意 7

1.2　防骗指南——平台规则的警戒线 7
    1.2.1　违规对于店铺的影响 9
    1.2.2　严重违规行为 10
    1.2.3　一般违规行为 11

1.3　工欲善其事，必先利其器——千牛软件操作宝典 15
    1.3.1　千牛软件的实名认证 16
    1.3.2　千牛软件的账户安全 17
    1.3.3　千牛软件的系统设置 18
    1.3.4　千牛软件的订单操作 21

1.4　客服都是产品专家——快速学习产品知识 25
    1.4.1　产品基本属性 26

目录

   1.4.2 产品周边知识 29
   1.4.3 产品手册制作 30
 1.5 支付宝的那些事——交易订单支付全攻略 30
   1.5.1 支付方式 31
   1.5.2 优惠方式 33
 1.6 提升工作效率有法宝——快捷话术编辑锦囊 35
   1.6.1 建立问题库 36
   1.6.2 话术编辑规则 37
   1.6.3 话术手册制作 39
 1.7 万事俱备，只欠东风——上岗进行时 40
   1.7.1 工作心态 41
   1.7.2 店铺手册 43

第 2 章 菜鸟客服现形记 44

 2.1 顾客怎么走了——第一时间响应留住顾客 44
   2.1.1 及时地二次跟进 45
   2.1.2 首次回复四要素 46
   2.1.3 响应时间提升小贴士 50
 2.2 咨询的颜色没货怎么办——不同商品库存的销售策略 51
   2.2.1 库存充足的销售开场白 53
   2.2.2 库存不足的商品推荐 53
 2.3 回复顾客问题，为什么不理我——通过产品卖点吸引顾客 54
   2.3.1 FAB 销售法则 55
   2.3.2 客服的"知识诅咒" 59
 2.4 顾客说再看看，我怎么办——突出产品的客户价值 60
   2.4.1 解决顾客问题而不是解决顾客 61
   2.4.2 客服口袋里的十个小白问题 63

- 2.5 顾客下单是不是就结束服务了——关联推荐提升客单价 64
  - 2.5.1 关联销售的作用 65
  - 2.5.2 关联销售的误区 67
  - 2.5.3 关联销售的策略 68
- 2.6 顾客说电话号码错了怎么办——核对订单有效降低售后率 76
  - 2.6.1 巧用核对订单进行催付 76
  - 2.6.2 详细核对订单，提升购物体验 78
- 2.7 老顾客都是从哪里来的——友好告别，增强顾客黏度 78
  - 2.7.1 成交顾客的告别引导 79
  - 2.7.2 未成交顾客的加购收藏 81

第 3 章　菜鸟客服养成记 83

- 3.1 客服要懂点心理学——洞察顾客的潜在需求 83
  - 3.1.1 人人都需要安全感 84
  - 3.1.2 销售时不要和顾客的心理作对 85
- 3.2 从博弈到共赢——议价是销售的最好时机 87
  - 3.2.1 议价顾客的类型 88
  - 3.2.2 议价的心理策略 91
  - 3.2.3 议价的实战技巧 93
- 3.3 场景即营销——提升销售的服务层次 96
  - 3.3.1 从性价比到归属感 96
  - 3.3.2 从千篇一律到定制服务 99
- 3.4 顾客订单成交促成法——胆大心细、脸皮厚 102
  - 3.4.1 锲而不舍地"追" 103
  - 3.4.2 及时灵活地"催" 106
- 3.5 客服都是谈判专家——沟通能力的三级跳 110
  - 3.5.1 倾听是一种力量 111

        3.5.2　提问是一种能力 112
        3.5.3　表达是一门艺术 115
    3.6　人人内心都渴望得到认同——赞美顾客赢得好感 118
        3.6.1　赞美要发自内心 119
        3.6.2　赞美要有针对性 120
    3.7　看破不说破——分析四种顾客特性 123
        3.7.1　表现型的孔雀顾客 123
        3.7.2　纠结型的考拉顾客 126
        3.7.3　分析型的猫头鹰顾客 129
        3.7.4　支配型的老虎顾客 131

第 4 章　菜鸟客服升职记 134

    4.1　解读售后关键数据 134
        4.1.1　天猫体验综合得分 135
        4.1.2　数据提升的方法 138
    4.2　处理售后常见问题 142
        4.2.1　物流问题 143
        4.2.2　商品问题 148
        4.2.3　退换货的处理 151
    4.3　提升售后服务意识 154
        4.3.1　售后服务是另一次销售的开始 154
        4.3.2　99%的售后问题是因为服务不到位 157
    4.4　维护店铺评价体系 160
        4.4.1　评价的维护方法 161
        4.4.2　评价的排序规则 166
    4.5　客服数据诊断 169
        4.5.1　核心数据 170

4.5.2　参考数据 173
4.6　打造聊天质检体系 174
　　　4.6.1　聊天质检的规范 175
　　　4.6.2　聊天质检的执行 177
4.7　优化客服绩效方案 179
　　　4.7.1　定目标 180
　　　4.7.2　追过程 181
　　　4.7.3　拿结果 182

第1章

菜鸟客服创造营

小蓝参加了一家电商公司的应聘，幸运地通过了初步的面试，就职的岗位是天猫店铺的客服。入职那一刻，小蓝还来不及感受入职的喜悦，就开始担心自己是否能胜任工作，虽然在学校学的是电子商务专业，可是对于客服具体要做什么，她压根儿不知道从何入手。无数个问号涌到小蓝的脑海中：主管说平台规则很重要，平台规则到底有哪些？主管说客服每月都有绩效考核指标，可是怎么才能达到考核的要求呢？……带着这些疑问，怀着忐忑的心情，小蓝跟着主管走进了客服团队的办公室。

网店客服：职场菜鸟 28 天逆袭记

无双是一位资深的客服主管，培养过很多零基础的客服，非常了解新手客服的担心，所以他鼓励小蓝："不用担心，上岗前公司会有系统的岗位培训，还给你找了一位经验丰富的师父。"

大魏是有 3 年销售经验的客服组长，每月不仅超额完成自己的工作任务，还非常乐意帮助新人，是无双主管得力的助手之一。小蓝被分在大魏这一组，为了方便学习，她的工位就挨着大魏的工位。

一见面，小蓝就赶紧和大魏打招呼："师父好，我是小蓝，以后请多多指教。"

大魏爽快地说："别客气，工作中有什么不会的直接问我就行。"

小蓝有点不好意思地说："现在就有一个棘手的问题，不知道师父是否可以帮我解答一下，做客服之前要做什么准备？"

大魏回答："这是一个好问题。俗话说，没有准备就是为失败在准备，上岗前除了技能方面的学习，最关键的是心态的调整。"

1.1　5G 时代的客服定位

随着网络的升级及销售场景的多样化，客服岗位的工作也随之发展成熟，不再是过去那种单一地回复客户的咨询问题、被动地解决售后问题，而是需要在销售的同时，积极主动地维护客户关系，提升客户的购物体验，需要客服具备综合能力。"做客服之前的准备工作，最关键的就是工作心态，"**大魏俏皮地说，"我们都要争做'三心二意'的客服。"**

1.1.1 对销售有信心

俗话说:"没有卖不出去的货,只有卖不出货的人。"一件商品能否销售成功,除了商品的设计和卖点,更多取决于客服的信心。阿里巴巴一直强调"相信相信的力量",任何事情,你只有相信,才会全力以赴地去做。

做好销售的第一步,**就是客服对于自己的信心**。很多客服被问到过这样一个问题:会和朋友大方地介绍自己是做客服的吗?很多客服的答案是否定的。如果自己对这份工作都没有认同感,哪来的信心做好销售?有些人对于客服岗位的定义过于狭隘,觉得做客服的就只知道一味地推荐商品,利用各种营销套路完成销售业绩,至于电商客服,顶多就是打字快一些。而真正优秀的客服提供的远远不只是一件商品,更是这件商品的附加价值——专业的商品知识、贴心的服务、售后的保障,顾客正好需要,而我们正好专业。一名有信心的客服是店铺的形象代言人、产品的意见领袖。

作为客服,**还要对销售的商品有信心**。对于优秀的客服来说,没有所谓的店铺"爆款",只有适合顾客的商品。信心不是靠喊口号产生的,而是对自己所销售的商品具备全面的综合知识。曾经在某电视剧里看过这样一个印象深刻的销售桥段，销售经理对团队的销售人员说，如果你只会卖房子，那么你很难卖出房子。他们团队是做高端房产销售的，所以每位销售人员都要去学高尔夫、红酒品鉴等很多商务人士喜欢的事情，这样在销售的时候才有更多的共同话题拉近彼此的距离，而不是迫不及待地推荐所销售的房子。同理，如果你是一位童鞋店铺的客服，想要精准推荐合适的鞋子尺码，除了商品本身的尺码匹配，还需要了解孩子穿鞋的习惯，妈妈测量脚长时的一些误差，以及妈妈选购不同鞋子的功能需求等。当你通过聊天对这些都足够了解时，自然非常有信心向顾客推荐商品，也知道自己推荐的商品是适合顾客的，更是顾客需要的。

1.1.2 热情服务

服务岗位，热情是最基本的要求。 在线下不会有一家店铺的服务人员是拉着脸、冷眼对待顾客的，即使有也不会有人愿意走进这家店铺，服务人员应该微笑热情地接待顾客。电商客服也是一样的，在每个服务的环节都需要保持工作的热情。在顾客进店时，客服需要热情地问候；在回复顾客的咨询、解答顾客的售后问题时，客服还是一样要保持服务的热情，让顾客感觉客服始终如一，从而产生信任的基础。

小蓝提出自己的疑虑："咱们在线客服是笑还是哭，顾客也看不见呀！"大魏马上补充说明："咱们电商客服**通过文字一样可以传递服务的热情**，客服在说话时加一些礼貌用语和语气助词，比如'亲亲，很高兴为您服务呢'，还可以适当地添加一些旺旺表情，有时候千言万语不如一个萌趣的表情包更能拉近我们和顾客的距离。这些语言的细节让顾客隔着屏幕也能感受到我们服务的温度。"

服务岗位还有一个问题，就是持久保鲜，很多客服刚上岗的时候热情满满，但是一段时间后，热情就逐渐减退，很难长久地保持服务的热情。从心理学上来讲，每个人都有适应性原则，当客服对每天的接待工作熟悉后，就容易变成自动化的机械服务了，所以对于客服来说，难的不是一时的热情，而是保持一直的热情。不管每天问候了多少次、商品介绍了多少次，客服应该对每位顾客依旧保持销售的热情。

《销售洗脑》一书中提及：无论你介绍多少次，你觉得商品多么平凡、不重要，即使你已介绍过数百或者上千次，也要保证你的介绍词如第一次那样新鲜和令人激动，因为你的顾客永远都是第一次。

1.1.3 对顾客有耐心

线上购物和线下购物略有不同，顾客不能直接接触商品，只能通过文字和图片来判断，在决定下单之前，顾客其实是有很多疑虑的。在顾客**咨询的过程中，客服就是顾客和商品之间的桥梁，负责解答与商品相关的问题，客服需要有足够的耐心，真正理解顾客的疑虑，并且进行针对性的回复，这样才能提高成功交易的概率。**

可惜的是，每个人都容易受自己的"知识诅咒"，当一个人一旦知道了某件事情，就无法想象这件事情在未知者眼里的样子。所以，客服在介绍自己熟悉的商品时，很容易忽略一些重要信息，导致顾客无法知道全部信息。比如，客服对商品的材质虽然很熟悉，但是向顾客说明时却说得很简单，顾客在不了解全貌的情况下，就会担心这个材质的鞋子会不会磨脚、孩子穿是否舒适等问题。因此，面对顾客的咨询，客服此时应耐心说明这款鞋子材质的特点，以及满足人体力学的功能设计。

除了基本的商品知识，其实很多新手顾客对于网购的流程也并不熟悉，比如各种优惠券的使用、一些退换货流程的操作等。在帮助顾客解答这些问题时，客服应有足够的耐心给予认真解答，并积极地给出一些图示来引导顾客操作。

在面对一些犹豫不决的顾客时，客服还要保持足够的耐心。客服在销售的开始还能保持一份热情，但是对于有些过于纠结，或者说性格比较谨慎、反反复复的顾客，客服就会逐渐失去耐心，甚至说出一些服务的禁用语。比如，"刚才说过了呀""不明白吗"类似这样不耐烦的话语，这种状态是作为客服不应该有的服务状态。

网购现在已经得到广泛普及，面对不同的顾客群体，客服需要具有更多的耐心，热情服务每位顾客。在优秀的客服心目中只有两类顾客——现在成交的顾客和未来成交的顾客。客服的耐心服务会赢得更多顾客的信任，哪怕顾客当时没有下单，也建立了彼此的连接和基础的信任，在未来适当的时机顾客还是会选择购买的。

1.1.4 诚意

再多的销售技巧不如一份真诚更容易打动顾客。乔·吉拉德说过："诚实，是推销的最佳策略，也是唯一的策略。"乔·吉拉德是吉尼斯世界纪录大全认可的、世界上最成功的推销员。销售人员只有真诚才能带来长久的交易，因为销售人员说的每句话，顾客之后大多是可以验证的。

笔者的同事 J 是一位非常优秀的客服，客服岗位通常都是轮流倒班的。有一次正好 J 轮休，店铺来了一位老顾客，了解到 J 不当班，这位顾客坚持要等 J 当班的时候再下单购买。后来店长了解到，顾客在上次购物过程中，J 并没有为了销售业绩而让顾客多买，而是给了顾客非常诚恳的建议，顾客觉得 J 非常真诚，所以以后每次再来店铺回购，都会找 J 下单购买。

在购物过程中，每位顾客其实都带着一些戒备心，如果客服只顾着忽悠顾客，说得天花乱坠，其实更容易失去顾客的信任。而 J 站在顾客的角度，真诚为顾客做推荐，最终赢得了顾客的信任，同时真诚也为 J 赢得了很多老顾客。有了坚实的信任基础，成功交易都是水到渠成的，而且带来的是更长久的生意。

销售以诚为本。如果售前客服过于夸大宣传，导致顾客收到的商品与宣传不符，就很容易产生不必要的售后投诉，而且对于此类违规行为，平台都有相应的处罚措施。

1.1.5 合意

客服每天会接待无数的顾客，虽然销售的是同一款商品，但是不同顾客购物的需求却千差万别，每位顾客最终只会为自己的需求买单。一个客服如果无法洞察顾客的真正需求，只是一问一答简单应付，或者自卖自夸，利用自以为感动顾客的方式推销商品，那么很难真正完成销售任务。

优秀的销售人员一定懂得用户深层次的需求，哪怕只是一个点，只要这个点是顾客的痛点，是顾客真正需要解决的烦恼就可以了。比如洗发水，通常有去油、清洁、滋养等各种功能，但是如果在秋季销售洗发水，客服就需要向顾客了解一下，换季的时候是否有脱发现象，再针对脱发问题介绍顾客咨询的某款洗发水，强调洗发水蕴含的 XX 成分可激发毛囊活性、可有效防止脱发、可有效解决顾客的烦恼问题。

对于客服来说，不仅商品推荐要使顾客合意，在服务的很多细节方面也需要了解顾客真正的关注点。比如，有的顾客比较关注性价比，那就不适合用一句生硬的"不还价"而拒绝顾客；而有的顾客非常纠结尺码的选择，此时客服也不能简单地告知"按正常尺码选择即可"；还有的顾客仅仅关心物流问题，那客服一句敷衍的"不指定快递"，也可能让顾客放弃购买。不管因为顾客哪方面的需求没有被满足导致订单流失，客服都需要认真思考，到底怎样回复才能让顾客合意。**很多时候，顾客只是因为自己的需求没有被看见而选择离开，和商品毫无关系。**

1.2 防骗指南——平台规则的警戒线

通过和大魏的聊天，小蓝意识到客服工作并不简单，一名优秀的客服需要具备很多的专业知识。面对即将到来的岗前培训，她下定决心要好好地学习。正准备开始培训的时候，售后客服萌萌急急忙忙地跑来对无双主管说，店铺后台收到了一位顾客的投诉。

萌萌：顾客收到商品，说气味大，怀疑不是真皮，说我们假冒商品材质，发起了投诉维权。

无双：先去联系顾客，详细说明商品的材质成分。如果顾客需要，可以提供商品的材质成分检测表，同时可以告诉顾客真皮的一些辨别方法。

萌萌：顾客不接受说明怎么办？

无双：那也不用着急，如果顾客依旧对商品不满意，也可以引导顾客申请 7 天无理由退换。同时主动询问，了解一下顾客的需求，只要在合理的范围内，都尽量协商，毕竟让顾客满意才是最重要的。

萌萌：顾客要坚持投诉怎么办呢？

无双：那就做好申诉准备，在顾客投诉那里选择"卖家留言"，上传顾客购买商品的材质成分检测表，还有顾客购买时的聊天记录，并详细说明售后沟通情况及店铺积极处理的态度。

萌萌：好的，我先去联系顾客。

萌萌听完无双主管的指导，风一样地赶紧去处理投诉了。一旁的小蓝听到刚才的对话，赶紧问无双主管："如果顾客投诉成功了会怎样呀？"无双主管说："别着急，咱们今天正好要学习的就是平台规则。"

1.2.1 违规对于店铺的影响

在店铺交易过程中，一旦有违规行为被投诉，并且被判定投诉成立，对店铺的影响是非常大的。所以，客服岗前培训的第一节课就是了解平台的重要交易规则。平台对于违规的处罚，根据违规情节不同分为一般违规和严重违规两种类型，处罚从扣分、罚款、限制营销活动到店铺清退，逐步升级，平台判罚秉持"首犯轻，累犯重"的原则。所以客服在接待过程中，凡是涉及淘宝规则的回复，一定要慎重、再慎重。

比如萌萌反馈的上述投诉案例，假设店铺商品真的存在"假冒商品材质"情况，或者客服在销售时，为了成交夸大商品宣传，介绍的商品材质和实际材质不符，顾客以"假冒商品材质"之名一旦投诉成立，店铺就会面临严重违规扣6分的处罚，而严重违规累计12分，就会面临向天猫支付违约金2万元并限制营销活动等一系列的处罚，这将直接影响店铺的正常运营。相应的处罚规则如图1-1。

违规类型	扣分节点	限制发布商品、限制创建店铺	限制发送站内信、限制社区功能及公示警告	店铺屏蔽	关团店铺	下架店铺内所有商品	店铺监管	限制参加天猫营销活动	支付违约金
一般违规	12分								商家因一般违规行为，每扣12分即向天猫支付违约金1万元的处理。
	24分						7天	近30天达12分	
	36分						14天		
	48分						28天	近90天达48分	
	60分						56天		
严重违规	12分	7天	7天	7天				近30天有扣分（不含0分）	2万元
	24分	14天	14天	14天		14天			3万元
	36分		21天		21天			近90天达12分	4万元
	48分			清 退					对商家做清退处理，查封账户并向天猫支付部分或全部保证金作为违约金（该保证金是指商家被天猫进行清退处理时，其店铺应缴纳的保证金金额）

图 1-1

小蓝又开始慌了：违规行为竟然对店铺影响这么大，可是哪些行为属于违规行为呢？作为一个新客服应该如何避开这些违规行为呢？无双主管把客服接待过程中比较常见的违规场景，按照不同的两种违规行为，逐一告诉小蓝对应的接待规范。

1.2.2　严重违规行为

严重违规相对于一般违规而言处罚得更严厉，对店铺的影响也是不可逆的，所以无双主管敲了敲黑板，特别提醒小蓝，下面要说的规则非常重要。

除了之前提到的"假冒商品材质"，还有一个常见的违规场景，就是不当获取使用信息。在日常的服务和交易过程中，客服不管是无意还是有意泄露了顾客信息给第三方，都将面临严重违规的处罚。新手客服遇到此类问题时的处理方法，无双主管展示了一种正确的回复示范。

顾客：在吗？

客服：亲亲，在的，欢迎光临 XX 旗舰店，有什么需要帮您的？

顾客：刚才朋友在你的店铺中购买了一件商品，想确认一下地址。

客服：好的，请稍等。

客服：亲亲，后台没有查到您的订单信息呀！

顾客：朋友的账户下单的，你帮看一下留的收货地址对不对。

客服：亲，很抱歉噢，为了每位顾客的信息安全，我们无法透露其他顾客地址信息给您呢！

顾客：她是我闺蜜呀，东西是买来送我的，核对一下地址怎么了呀！

客服：亲，我们已给购买商品的顾客旺旺留言了，您也可以让朋友登录后确认一下地址信息。

核对订单是服务流程中必不可少的环节，但前提条件是**客服必须和购买商品的顾客的旺旺进行订单地址信息的核对或更改**。客服一旦疏忽，把 A 顾客的信息告知了 B 顾客，可能就会面临严重违规的投诉，严重违规的处罚此处不再赘述，总之这条规则一定要牢记。

有些"AB 账户"是非常相似的双胞胎账户，比如字母 O 和数字 0，客服稍不留意就容易"踩雷"。所以客服在遇到顾客核对或者修改地址等信息时，可以通过千牛软件右侧的"订单信息"直接查找，如果没有显示顾客订单信息，就需要到店铺后台查找，不要直接复制顾客发过来的账户信息，而要复制顾客聊天的 ID 信息。在店铺后台搜索订单，如果没有查到相关订单，就可以参考前面案例的回复内容。

1.2.3　一般违规行为

虽然一般违规每年年底系统会清零，但是一般违规扣分每到 12 分的节点，都会面临向天猫支付违约金 1 万元和限制营销活动的处罚，而且在处罚期间店铺无法参加平台的官方活动，店铺也会因为违规处罚影响搜索权重，从而导致流量一落千丈。

客服在接待顾客的过程中最容易疏忽的就是"违背承诺"了，客服给予顾客的承诺等同于店铺的承诺。如果店铺未按照承诺提供服务，侵害了顾客权益，是需要继续履行其义务的，也会面临一般违规的扣分。

1. 发票问题

天猫店铺是默认提供发票的，当顾客问店铺能否提供发票或店铺开具发票需要什么条件时，客服只要记住以下 4 个要素，就可以避免发票问题的违规行为。

（1）**正规发票**。不管是电子发票还是纸质发票，也不管是增值税普通发票还是增值税专用发票，都属于平台认可的正规发票。

（2）**无任何费用**。店铺不能以提供发票为条件，要求顾客额外支付税点或者另外支付邮费。

（3）**无条件限制**。店铺不能在提供发票的时候，要求顾客达到消费额度才提供发票，售后也不能因为顾客发票遗失就拒绝其 7 天无理由退货的申请。

（4）**发票信息一致**。发票的商品明细、金额，以及开票的公司信息，都需要和实际情况相符。

店铺对于开具发票的规范都有设置好的快捷短语，无双主管建议小蓝在遇到和规则相关的问题时直接选择店铺的标准话术，而不要自己随意回答，否则容易产生不必要的售后问题。

顾客：老板，有发票没有？

客服：亲，有发票提供的，您只需要在购买时，输入开票信息即可。

顾客：你们开发票需要加税点吗？

客服：我们店铺开具发票不需要增加任何费用。

顾客：你们店铺买多少商品可以开发票？

客服：店铺购物任意金额都可以开具发票。

顾客：买 200 元商品，可以帮开 300 元发票吗？公司报销，我想赚点路费。

客服：亲，真是非常抱歉，天猫要求发票金额必须和订单实际支付金额一致。

发票的补发是无期限的，不管顾客购买商品的时间已过去多久，他再来要求开具发票时，店铺都需要按照规定给予发票补开，而且在补发的过程中不能收取其他费用。提供发票是每个天猫店铺的义务，因此对于询问发票的顾客，客服要谨记上述 4 个要素。

2．7 天无理由退换货

随着网购的发展，顾客对于服务的需求越来越高。为了提升顾客的购物体验，天猫店铺除了特殊类目，都**默认支持 7 天无理由退换货**，客服不能以任何理由拒绝顾客申请 7 天无理由退换货。

在申请 7 天无理由退换货的时候，经常有争议的就是关于退换货的邮费问题。天猫规定：对于不包邮的商品，顾客自己承担来回的邮费；而包邮的商品，顾客只需要承担退回的邮费即可。

举一个简单的例子，顾客购买了一件商品，下单价格是 180 元（包邮），顾客申请 7 天无理由退货，商家需要全额退回 180 元，且不能向顾客提出"扣除当时发货的邮费 10 元，只退给顾客 170 元"的要求，扣除邮费的行为属于违背承诺，会被扣分的。

同时，商家也不能以外包装问题、发票问题等来阻挠顾客申请"7 天无理由退换货"，顾客申请的条件只要满足商品完好、不影响二次销售，并且在收到商品的 168 小时内即可。

关于特殊类目的 7 天无理由退换货的问题，我们可以参考天猫规则中心的详细说明。

3．支付问题

天猫平台**通用的支付方式是支付宝担保交易**。在下面的案例中，顾客提出要求想选择其他平台的支付方式，如果客服急于成交，稍不留神就可能触犯平台交易规则了。

顾客：可以微信支付吗？

客服：亲，很抱歉，天猫店铺只能使用支付宝担保交易噢。

顾客：可是支付宝钱不够了呀！

客服：亲，如果余额不足，您可以选择花呗支付。

顾客：要不你提供一个银行卡号，我直接转账吧。

客服：您的银行卡有钱，可以直接绑定支付宝付款的呀。

顾客：不会绑定银行卡。

客服：点"添加本人银行卡"，然后通过快捷支付就可以直接开通的。

顾客：太麻烦了，你们想不想做生意呀？付钱还那么多事。

客服：亲亲，真的很抱歉呢，要不您选择朋友代付也是可以的。

现在平台的支付形式有很多种，后面的学习过程中笔者还会介绍更多的支付方式。客服要尽可能多掌握一些不同的支付方式，这样能有效地引导顾客选择合适的支付方式。

特别提醒，在交易过程中客服不能主动引导顾客使用第三方平台交易或者支付。如果出现上述案例中顾客抛出"诱饵"引导利用第三方支付方式的情形，客服也要学会委婉地拒绝。不要因为一个订单的得失而导致店铺被投诉，那样可能造成更大的损失。

4．其他承诺

在服务的过程中，客服为了有效促进交易，可能对顾客进行一些额外的承诺，**比如提供额外赠品或指定物流**，这些承诺不管是商家页面说明，还是客服和顾客旺旺聊天中的承诺，一旦未兑现，都有可能面临违背承诺的投诉。所以，服务过程中的承诺一定要"言必行，诺必践"。

相对于严重违规，一般违规在客服的工作场景中更容易出现。对于承诺顾客的事情，比如已和顾客协商发XX快递，客服要及时在订单上备注清楚，还要和仓库的小伙伴做好交接工作，不至于因为服务的疏漏，仓库随机发了其他快递，使包裹无法及时收到或快递员服务态度等问题，导致不必要的投诉。

小蓝埋头记了很多笔记，关键地方还标了重点符号。无双主管也非常严肃地强调，规则问题不管是在岗前还是在上岗以后，都会经常考核，因为平台的规则在不断地更新升级，一线客服要随时掌握平台的最新规则。无双主管还让小蓝保存好规则页面的网址（见图1-2），随时查看最新规则公告。

图1-2

1.3 工欲善其事，必先利其器——千牛软件操作宝典

第一天培训结束后小蓝把课堂笔记仔细复习了一遍，还在天猫规则频道学习了很多其他规则。无双主管在第二天培训之前，为了加深小蓝的记忆，对她进行规则相关问题的考核。小蓝顺利地通过了测试，进入下一轮的学习。

千牛软件是客服经常使用的工具，高效地利用这种工具能在日常接待过程中事半功倍。

1.3.1 千牛软件的实名认证

无双主管分给小蓝一个子账户,让小蓝先完成实名认证。可是在登录窗口输入账号和密码时,小蓝就卡壳了,输入几次总提示错误,她着急地问无双主管是不是密码不对。无双主管看了看小蓝的登录页面,告诉小蓝:**在千牛子账户中输入账号和密码时,中间的冒号要调整到英文状态**;输入了准确的内容后,登录页面就会出现一个二维码(见图 1-3),需要完成实名认证才能成功登录。小蓝立刻**用手机淘宝扫码**,按照提示一步步实名验证,终于成功登录了自己的账户。

图 1-3

1.3.2 千牛软件的账户安全

无双主管嘱咐小蓝：在使用千牛软件之前，一定要注意工作账户的安全问题，牢牢记住"四不口诀"。

1．不点

不点来历不明的链接。正常的商品链接是有安全标识的，如果在网页前面有警示提醒，客服不小心点开网页后，需要重新输入账号和密码，这些往往都是一些钓鱼网站，客服要避免掉入陷阱。

2．不接

不随意接收文件。压缩包文件里很容易携带一些木马病毒，除非店铺是定制类目，需要顾客提供一些矢量图或草稿文件。对于大多数类目商品，顾客无须传送文件即可完成交易。如果遇见"顾客"说要批发，想把文件夹里的商品传给客服，客服正确的做法是引导顾客把需要的商品加入购物车确认，然后顾客截图给客服确认商品信息。

3．不扫

现在随处可见各种二维码，如果随意扫码很容易被植入病毒。前面规则学习中提到，平台交易都是支付宝担保交易，所以当顾客发来各种付款码的时候，客服要提高警惕，可以直接拒绝扫码。

4．不信

官方小二都有黄色 Logo，而且官方小二绝对不会索要有关店铺账户信息的资料。所以，当有冒充官方平台的工作人员说接到顾客投诉，要远程指导客服进行后台操作之类的情形时，此类的旺旺消息基本都是陷阱，客服可以告知对方会有专人后台处理或者转给主管处理。

不点、不接、不扫、不信，掌握千牛软件安全使用的口诀，保护账户安全。如果利用公司电脑登录账户，不要选择保存密码，而且密码应定期更改，账户安全涉及店铺的商品库存、顾客信息安全（前面规则的学习中已经提到泄露顾客信息属于严重违规行为，即使因为账户保管不善导致信息泄露，也属于违规行为）和资金安全，账号和密码需要妥善保管。

1.3.3　千牛软件的系统设置

千牛软件的很多功能设置可以助力客服更加高效地完成接待任务，客服在分到新的子账户时，要掌握一些基础的设置方法。

1．消息订阅

千牛软件每天会接收非常多的消息，如果没有提前设置消息订阅，客服在接待过程中，各种系统消息会频繁地弹窗，干扰客服的接待工作，有时还会忽略一些重要的咨询信息，但售前的接待账户不能屏蔽所有的消息。

客服岗位的交易消息是需要提醒的。交易消息是指顾客订单的各种状态消息提示，如图1-4所示，比如下单了要及时催付、付款了要进行核对信息，这些需要及时掌握的消息应设置提醒，可以通过"消息中心—订阅设置—交易消息"进行消息弹窗的设置。还有比较重要的就是工单消息，工单要求24小时内及时处理，此类消息不及时处理，可能会被官方小二计入纠纷退款率。不同的系统消息，可以根据店铺的要求及客服岗位负责的任务进行勾选提醒，或者设置不做消息提醒。

第 1 章　菜鸟客服创造营

图 1-4

2．自动回复

网络客服可以采取 1 对 N 的服务模式。当顾客进店时，客服可能正好在接待其他顾客，为避免让新进店的顾客等待时间过长，客服可以设置好千牛软件的自动回复。

设置的路径是"系统设置—接待设置—自动回复"，如图 1-5 所示。设置时，除了"当天第一次收到买家消息时"为固定的自动回复，客服忙碌或者离开的时候都可以设置不同的自动回复，避免接待的空窗期。

自动回复还可以通过关联问题的设置来延展回复内容的丰富度，具体设置内容和格式在本书后面的接待流程中再详细介绍。客服应先找到千牛软件设置的位置，掌握设置的方法。

图 1-5

3．快捷短语

如果统计客服打字的字数，估计每月都有几本长篇小说的字数。为了减轻客服的工作压力，对于店铺的高频问题可以通过快捷话术进行快速回复，话术编辑的方法客服在上岗前会有学习，现阶段通过千牛软件先掌握话术设置和导入的方法。

设置快捷短语可以在对话框的右下角点击圆形图标，然后在右侧的快捷短语页面点击"+新建"，会弹出左边的设置框"新增快捷短语"，客服可以进行话术编辑、表情的添加，还有快捷编码和分组的设置，如图 1-6 所示。

第 1 章 菜鸟客服创造营

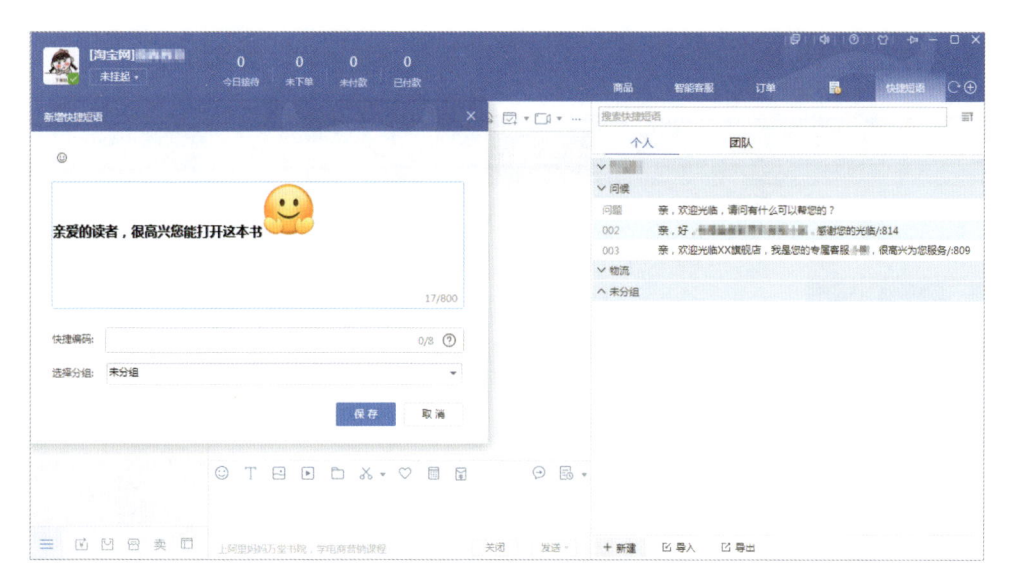

图 1-6

除了个人话术，店铺还有团队话术，授权的千牛软件的每个子账户，是可以同步使用团队话术的。无双主管让小蓝找大魏要一份他的话术手册，小蓝通过导入按键把话术手册直接批量导入个人话术一栏中。

系统设置并不复杂，但需要客服在正式接待顾客前就设置好，避免一旦开始接待顾客，就面对各种咨询问题手忙脚乱地找答案，导致没有及时回复顾客，延长了响应时间，进而直接影响月底的绩效考核。除了基础的系统设置，客服还要熟练地掌握千牛软件的订单操作。

1.3.4 千牛软件的订单操作

千牛接待中心虽然只是一个小小的服务窗口，但客服通过这里可以接待天南海北的顾客。这个界面的很多功能是客服每天都需要用到的，集合了顾客基本信息和订单详情等重要信息。

左侧区域是顾客的管理区域，包含最近联系的顾客和加了好友的顾客，对于需要搜索的顾客也可以通过搜索框快速查找；中间区域是聊天对话框，这个区域比较简单，无双主管没多做介绍，让小蓝自己操作一遍；**重点是右**

021

侧的智能客服区域，这里包含了大量的信息和功能操作，如图 1-7 所示。

图 1-7

细心的客服可以通过顾客信息解读到很多内容。比如顾客是新手顾客，还是资深买家；是第一次进店的顾客，还是店铺的老顾客；是比较挑剔的、好评率很低的顾客，还是比较好说话、好评率为 100%的顾客。通过这些，客服可以初步判断需要提供哪些更加贴心的服务。

在顾客议价时，客服可以向顾客直接发放优惠券；在服务结束时，客服可以邀请顾客加入店铺群，享受老顾客的福利；聪明的客服还会通过顾客足迹了解顾客的偏好，进行精准的商品推荐。

小蓝万万没想到，看似简单的顾客信息竟然包含了这么多内容。而且，无双主管说，这些内容都有助于更好的销售，因为服务合意的前提，大多建立在对顾客了解的基础上。

不过重头戏还在后面，在接待过程中，最重要的是客户的订单操作，客服可以在接待中心右侧的订单区操作，也可以直接在智能客服的订单区操作。针对常见的三种订单状态，无双主管详细地介绍了不同订单的处理方法及服务的关键。

1. 等待顾客（买家）付款

对于拍下未付款的订单，顾客 ID 后面显示黄底白色的小锤子，如图 1-8 所示。针对顾客已经拍下却没有及时付款的订单，客服首先要做的就是**订单催付工作**，客服可以通过和顾客**核对订单信息**，顺便友好地提醒顾客及时付款；如果是淘宝的 C 店，客服也可以**修改订单的商品价格给顾客一些优惠**，促使顾客完成最终的付款。（天猫店铺商品目前是无法修改商品价格的）

图 1-8

在正常交易过程中，不建议客服主动关闭顾客的订单，未通知顾客而随意关闭订单属于违规行为。如果顾客下单后又不需要该商品了，客服可以引导顾客自行申请取消订单。

2. 顾客（买家）已付款

对于已完成付款的订单，顾客 ID 后面显示的是绿底白色的小勾，如图 1-9 所示。通过与未付款订单页面对比，小蓝发现已付款订单的页面中又多了一些功能：首先**核对信息**是服务的必备流程，前面学习的规则提过，只能和购买商品的顾客核对订单信息；如果在核对的过程中，顾客发现地址有误，

图 1-9

客服也可以直接帮顾客**修改地址**；付款成功的**订单信息**也是可以修改的，比如对已拍商品的尺码或者颜色进行更改；根据顾客的要求，客服还需要做**订单的备注**，订单备注通常会用不同颜色的旗帜标注，比如红色旗子代表赠品、蓝色旗子代表售后等，方便店铺客服之间快速传递信息。

很多店铺的发货基本上是用 ERP 软件操作的，无须客服手工去操作。

3．卖家已发货

对于卖家已发货的订单，顾客 ID 后面显示的是蓝底白色小信封，如图 1-10 所示。在不同订单状态下，顾客 ID 后面显示的标识是不一样的，有经验的客服通过这些标识可以快速判断订单状态及顾客需要咨询的常见问题。

对于卖家已发货的订单，顾客通常希望尽快**查到快递信息**，客服可以通过点击"**查看物流**"按钮，了解目前快递的具体状态。如果因特殊原因导致物流状态有延迟，客服也可以帮顾客修改订单**延长收货**的时间。

当然还有一些顾客在收到商品后感觉不合适或者不喜欢，需要进行退换货，此时客服也可以协助顾客进行退换货的操作。

因为卖家已发货进入了售后环节，所以不管是查物流，还是申请退款、退换货，客服都要记得跟进落实。没有结果的售后服务会给顾客留下非常不好的购物体验，而一次满意的售后服务往往是下一次销售的开始。

图 1-10

千牛软件的功能还有很多，无双主管叮嘱小蓝在以后的工作中继续学习，也要多观察老客服在工作操作中的一些使用技巧，比如数据查看、顾客管理，这些都是可以通过千牛软件来完成的。

1.4 客服都是产品专家——快速学习产品知识

小蓝熟记了平台的规则，也学会了千牛软件的操作，接下来就要开始学习店铺的产品知识了。客服的核心工作就是销售产品，一名合格的客服对于销售的产品而言都是名副其实的产品专家，能详细地介绍产品的材质、功能、卖点等内容，能为顾客全方位地答疑解惑。

无双主管有其他工作安排，所以小蓝今天跟着师父大魏学习产品知识。平时为了让客服更直接地了解产品，办公室里放了很多样品。

大魏拿起一款店铺热销的童鞋问小蓝："如果你是顾客，想知道什么？"

小蓝想了想，说："想知道这鞋子是什么材质的。"

大魏问："还有呢？"

小蓝说："还想了解鞋底硬不硬，穿上以后是否舒服。"

大魏说："是的，这些都是产品的基本属性。"

1.4.1　产品基本属性

店铺的产品在发布的时候已经填入了详细的相关属性，如图 1-11 所示。对于客服来说，有些属性是一般类目通用的，也是学习产品知识掌握的基本要点。产品所有的相关问题客服需要提前了解，这样不至于在顾客咨询产品时回答不专业，甚至回答错误。

第 1 章　菜鸟客服创造营

```
品牌名称：▨▨

产品参数：

品牌：▨▨                适用年龄：6岁 7岁 8岁 9岁 10岁 11岁 1…    功能：防水
尺码：32 33 34 35 36 37 38   风格：休闲                          运动鞋分类：跑步鞋
适用性别：男             颜色分类：黑红-13A【2020秋冬皮面款…    货号：▨▨
适用季节：冬季           上市年份季节：2020年冬季              鞋底材质：EVA
配皮材质：人造革         鞋面材质：合成革                      适用人群：不限
```

图 1-11

1. 材质

客服对于所销售的产品使用的材质成分、不同材质的主要特性都要了如指掌。大家还记得前面规则里的投诉案例吗？在接待顾客的过程中，客服要如实地描述产品的材质成分，一旦随意应答被顾客投诉"假冒产品材质"，就属于严重违规行为。比如服装的各种面料材质，客服要清楚不同面料之间的区别，如果顾客问"含毛量多少，是羊毛还是羊绒"，这些成分及配比客服需要准确答复。

当标称值显示仅有一种纤维时（如标明"全""纯""100%"等字样表示纤维含量），一旦纤维含量中存在其他任何成分，如标称值显示全、纯、100%羊绒，而羊绒成分含量小于95%或者羊绒成分含量大于等于95%，即差值部分材质是非羊绒的，这种就属于材质不符了。

顾客因无法接触到实物，所以对于客服描述的材质特点无法产生真实感，电商的客服接待工作平时都依靠文字沟通，而文字不如视频有表现力，无法展示材质的特点。其实大家上学的时候都学过形容词，利用比喻就可以更加形象地表达材质。比如面料像婴儿的皮肤般柔软光滑，大家此刻可以想象出那种丝滑的感觉吗？形容材质的特点，客服可以找生活中顾客比较常见的物品进行比喻，让顾客更有购物的场景感。

2. 尺码

顾客选择网购因无法试穿，所以对于尺码的选择通常会咨询客服，如果

027

客服只是简单地回复顾客"参考详情页的尺码表选择",那肯定无法促进销售转化。若要做好尺码推荐,客服应从以下几个方面入手。

首先,了解自己产品的特点是正常尺码,还是偏大或偏小,就算正常尺码,也要符合大众的认知。比如运动鞋可以参考361°的鞋子尺码选择,大多数人都穿过361°的鞋子,而运动鞋和皮鞋的尺码在选择时又略有不同,作为客服,心里要先有一把尺,不能笼统地让顾客直接按照平时的尺码选择。

其次,了解尺码的测量方法,并且引导顾客进行准确的测量。不管是衣服还是鞋子,都会有尺码选择的问题,很多时候因为顾客提供的尺寸不够精准,客服推荐了不合适的商品而导致退换货问题。当顾客提供了具体的参考尺寸后,客服可以推荐一个参考尺码,但不要把话说太满,避免为不必要的售后问题留下隐患。

最后,做好尺码推荐。有一个重要因素即顾客群体的特点,应多注意。比如年长的大叔相比年轻的小哥哥,对于上衣尺码的选择通常会选大一码,他们不喜欢太修身,否则会暴露自己的"啤酒肚"。又如在网上购买童鞋时,妈妈们会考虑孩子成长比较快,通常也会选大半码的鞋子。所以客服只是做参考推荐,最终的尺码选择,顾客还是会根据自己的需求下单。有人喜欢男友风的嘻哈风格,也有人喜欢小公主的曲线风格,记住顾客合意才是销售的关键。

3. 功能

顾客选购一件产品一定是要解决某个问题的,而这个产品的某项功能恰好可以解决他的问题。比如顾客想选购一个书橱放在卧室,因为房间面积比较小,留下的宽度只有80厘米,而大多数的书橱宽度为1米,所以在网上搜索了很多家,这位顾客终于找到一款宽度为80厘米的书橱。这时候,对于客服说的材质特点等,这位顾客都觉得不是那么重要了,只是反复和客服确认,是否宽度为80厘米,因为尺寸有误差就无法摆放,而且大件退货也非常麻烦。所以客服在介绍产品功能的时候,并不需要把产品所有的功能及特点都一股脑儿地告诉顾客,而应先了解顾客想要解决什么问题。

笔者曾经和朋友一起逛街就遇到过这样一个尴尬的销售场景。在一家儿童家具店,朋友看上一套儿童桌椅并找销售人员了解产品。销售人员非常热情,还没等朋友问,就滔滔不绝地介绍了产品的各种功能。朋友听了一会儿,忍不住打断了客服的介绍,说我只是看中你们这套桌椅的升降功能,可以告诉我,大概可以用到孩子身高长到多少吗?客服这时才反应过来,忙问孩子多大了。销售人员不了解顾客需求就急于推荐,怎么能做好销售呢?

客服的专业程度是最好的销售利器,很少有顾客会在产品都讲解不清楚的客服那里下单。但客服也一定要记住,顾客是为自己的需求买单,应先了解顾客需求,然后有针对性地介绍顾客需要的功能。

1.4.2 产品周边知识

1. 行业知识

隔行如隔山,每个行业都有很多的专业知识,只有从事这个行业的人才会有深度的了解。比如做服装的客服,除了了解基础的材质,还要懂时尚,如颜色搭配、流行趋势,甚至一些配饰的装点等;做母婴类目的客服应了解妈妈们最关心的是材质的安全问题,还应了解母婴产品的国家认证标准并掌握婴幼儿的成长规律和穿衣习惯。

2. 品类竞品

知己知彼,百战不殆。想要做好销售,客服不仅要对自家的产品如数家珍,对于品类竞品也要做到了如指掌,那样在向顾客推荐产品时才能扬长避短,突出自己产品的独特优势。

很多人都看过李佳琦的直播,他被称为"口红一哥",他的成功除了具备美妆产品过硬的专业知识,更关键的是他对口红这个品类的全面了解。每试色一款新的口红,他会把颜色和各大牌的颜色做对比,涂出的滋润程度也做对比说明,还有产品的性价比都一一比较,所以每当他一喊"所有女生",大家都觉得自己缺的就是这支口红。因为永远没有完全一样的两支口红,总是各有千秋，而李佳琦能说出推荐的每支口红独特的优势，让顾客“买它”。

不管市场有多少相似的产品，客服都能说出自己产品的特点，需要不断拓展自己的行业知识，了解竞品的各种优劣势，这些都需要经验的积累。如果说产品材质功能体现了产品的价格，那么产品周边知识更能突显产品的价值。优秀的客服需要更多展现产品的价值。

1.4.3 产品手册制作

小蓝有点着急了：一个产品就要了解这么多知识，店铺那么多产品，自己啥时候才能学完？小蓝眼巴巴地望着大魏，希望他能支支招。大魏拿出了他的第二本客服宝典——产品手册，客服可以通过整理店铺的产品手册，快速记住店铺产品的材质、卖点和一些重要的周边知识。

手册的制作非常简单，使用 Excel 表格就可以完成，如图 1-12 所示。制作表格不但可以加深学习的记忆，而且可以通过表格快速地定位到相关产品，了解产品的关键信息。

×××电脑产品手册

序号	产品图片	品名	原价	促销价	CPU	内存	硬盘	屏幕	显卡	系统	接口	卖点	赠品	适用人群	分期购
1	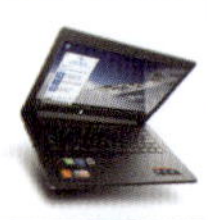	小新 310-14ISK	4399	4199	Core/酷睿 i7--Intel Core i7-6500U	4GB	128GB（固态）	14英寸 1920x1080	2G显存 NVIDIA GeForce 920MX	windows 10	2x USB 3.0、1 x USB2.0、音频接口（耳机和麦克）、HDMI高清输出、4-in-1（SD、SDHC、SDXC、MMC）读卡器、网口	1、高性价比 2、第六代酷睿平台 3、惊艳的视频享受 4、低调奢华的外观 5、轻盈简约 6、接口齐全 7、正版windows10	单肩包鼠套装 TM200	家庭影音 学生 商务办公 高清游戏 家庭娱乐	最高可享3期分期
2	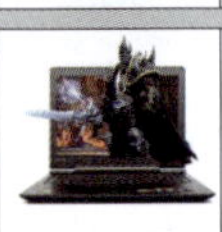	小新 700-15isk	54999	4999（聚划算）	Intel Core i5-6300HQ	8GB	1TB（机械硬盘）	15.6英寸 1920x1080	2G显存 NVIDIA GeForce GTX 950M	windows 10	2x USB 3.0、1 x USB2.0、音频接口(耳机和麦克)、HDMI高清输出、4-in-1（SD、SDHC、SDXC、MMC）读卡器、网口	1、15.6寸全高清屏IPS1080P屏 2、2.3KG清薄机身 3、超大存储 4、I5第六代四核CPU 5、9系高端游戏显卡 6、8GB超大内存 7、正版windows10	游戏键鼠套装 KM700B	家庭影音 学生 商务办公 高清游戏 家庭娱乐	最高可享3期分期

图 1-12

1.5 支付宝的那些事——交易订单支付全攻略

昨天学了一天的产品知识，小蓝满脑子都是各种产品的信息，盼望着今

第 1 章　菜鸟客服创造营

天开始接待顾客了，检验一下最近学习的成果。可是无双主管提醒小蓝，顾客下单的最后一步是完成支付流程，客服还要掌握平台不同的支付方式。

无双主管问小蓝："顾客如果在购物的过程中，付不了款怎么办？"

小蓝说："可以让顾客看看支付宝里是否还有余额。"

无双主管问："那你知道淘宝有多少种支付方式吗？"

无双主管打开一个显示支付方式的页面，小蓝傻眼了，平时自己就只用支付宝付款，没想到淘宝有这么多的支付方式。她赶紧拿出小本本，准备开始新一轮的学习。

1.5.1　支付方式

1. 支付宝类

支付宝余额是最简单且普及率较高的支付方式，所以无双主管没做过多的说明，但是现在越来越多的顾客开始使用信用支付，也就是蚂蚁花呗和花呗分期支付这两种支付方式。对于这两种支付方式，因为小蓝还没有开通花呗功能，无双主管打算重点和她说说。

蚂蚁花呗的使用需要满足两个条件：**首先，商家开通了花呗业务；其次，顾客也要申请开通花呗业务，并且有足够的额度。**比如顾客想购买一件 600 元的商品，但是只有 500 元的花呗额度，那就无法使用花呗支付了。花呗额度是平台根据顾客的信誉度而设定的不同额度，所以当顾客说自己无法使用花呗支付的时候，客服需要向顾客了解一下其花呗剩余额度是否小于商品的支付金额。

如果顾客有足够的花呗额度，还是无法使用花呗支付，那么客服可以提醒顾客核对花呗是否有未还款的记录，未按时还款也会影响后续的花呗使用。有借有还，再借不难，以前的消费金额没有还清，后面系统会拒绝顾客继续使用花呗。

使用花呗支付的顾客，当申请退货退款后，他可能说"不知道钱退哪里去了"。客服要及时告知顾客，花呗退款退的只是花呗额度，而不会在支付宝中产生余额，所以顾客应该去花呗查看一下额度是不是恢复了。

花呗分期的使用条件，**除了需要满足蚂蚁花呗的两个条件，还需要单品的金额满 100 元才可以使用分期付款，而且分期付款通常会产生一定的手续费。**当顾客选择花呗分期支付时，客服需要提前和顾客确认无误，再引导顾客使用分期支付。其实高客单价的商品在销售时利用分期付款，对商品价格使用拆分法是一种很好的议价策略，容易让顾客感觉单价不高，更利于成交。

2. 银行卡类

前面说过"知识诅咒"，大家还记得吗？客服因为从事电商行业，认为几乎所有顾客都会用支付宝支付，尤其是现在的年轻人觉得支付宝或者微信是已被广泛普及的支付方式。其实，网购不多的顾客或者比较谨慎的顾客仍会选择银行卡支付，他们平时将钱都存放在银行卡中，只有在支付的时候才使用。所以使用银行卡的顾客，如果在支付的时候出现问题，客服可以多方面了解一下，比如网银升级导致支付不成功，或者顾客网银设置的支付限额导致无法完成支付等。

如果只是选择银行卡快捷支付方式，顾客无须到银行柜台申请，直接在各大银行的网页上通过自己在柜台预留的手机号就可以申请开通，这也是非常方便的一种支付方式。

天猫店铺是默认开通信用卡支付功能的，所以顾客如果使用信用卡支付，客服不能无故拒绝，更不能变相地收取各种手续费。

不管是用银行卡还是用信用卡支付的顾客，在申请退款时，如恰逢法定节假日，偶尔会有到账延迟的情况，所以客服退款处理后，可以友情提醒顾客到账时间，避免顾客因没有及时收到退款，反过来责怪商家未能及时处理，进而引起不必要的误会。

3．其他类

除了支付宝和银行卡，顾客还可以选择他人代付。现在很多人开通了家庭亲情账户，顾客也可以请亲朋好友代付。此类订单因为购买和支付往往不是同一个人，所以在顾客咨询时，客服也要对此支付方式有一定的了解，这样才能更好地为顾客解答。

代付订单产生的退款是退回到代付人的账户，而不是退回到购买下单的顾客账户，所以遇到使用代付的退款申请，客服应提前告知顾客退款查询的方式。

1.5.2　优惠方式

1．优惠券

看到优惠券的页面，小蓝举手说自己知道优惠券，平时经常用。无双主管看小蓝的学习渐入佳境，比刚来的时候更有自信了，但还是打算"为难"一下她，他发了一张优惠券给她，让她尝试在店铺下单。但是，小蓝在购买商品的时候却无法使用这张优惠券，她又开始迷糊了：明明是领取了优惠券的呀，为什么购买的时候不能使用呢？

无双主管让小蓝仔细看一下优惠券的使用期限，原来优惠券是从明天开始使用的。通常，店铺在上新预告的时候或参加官方大促的时候，都会给顾客提前发放优惠券，但是对优惠券的使用期限是有要求的，所以当顾客领取了优惠券而不能使用时，客服首先要确认一下优惠券的使用日期。

除了优惠券的使用日期，大多数的优惠券也是设置门槛的，比如需要"满100元减10元"或"满200元减20元"，如果顾客没有达到购买的金额，那么优惠券也是无法使用的，这个时候客服可以建议顾客进行凑单，主动地关联销售让顾客达到优惠的条件，再使用领取的优惠券。

店铺除了通用的优惠券，还有一种是商品券。商品券只能针对具体的商品使用，并不像优惠券是店铺通用的，所以当顾客说有店铺的一张优惠券，但是购买商品不能使用时，客服也要考虑到这个因素，让顾客确认自己领取的是商品券还是优惠券。

除了店铺优惠券，天猫还有品类券，顾名思义，就是针对某个品类才可以使用的优惠券。比如家电100元的大额优惠券只能在购买大家电的时候才可以使用，顾客如果选购服饰或者食品，即使满足金额和日期的要求，那么也是无法使用的。

而在"6·18""双11"这些官方大促活动中，平台会发购物津贴券，这种津贴券使用范围就更广泛了，基本上针对天猫报名参加活动的商品都可以使用，而且可以跨店使用。跨店下单是这两年非常流行的活动方式，这种方式可促进整个平台的销售额进一步提升。比如一位顾客领取了"满300元减40元"的"双11"购物津贴券，她在A店铺看中了一件200元的衣服，然后又要在B店铺买一支100元的洗面奶，她可以把两件商品同时加入购物车，合并下单后实际支付260元就可以了。

以上说的店铺优惠券、类目的品类券、平台的购物津贴券，都是可以叠加使用的，所以当顾客领取了多种优惠券来咨询客服如何使用的时候，客服要了解不同优惠券的使用场景、使用门槛和期限，这样才能更好地引导顾客下单。

2. 淘金币

淘宝有淘金币频道，顾客可以通过平时的签到、购买商品确认收货，以及很多小游戏获取淘金币。店铺商品如果开通了淘金币的抵扣优惠，那么顾客就可以使用 100 个淘金币抵扣 1 元。当顾客想要使用淘金币的优惠时，客服可以先让顾客在淘金币频道查询自己是否有足够的淘金币，然后在下单的时候就可以对应金额抵扣，非常方便。而淘金币的优惠和各种优惠券也是可以叠加使用的。

3. 88VIP

88VIP 是淘宝的一种会员制度，顾客的淘气值如果在 1000 分以上，就可以花 88 元购买一年的会员资格。拥有 88VIP 的顾客，在购买天猫平台很多的品牌商品时，都可以在原有价格的基础上再额外享受 95 折的优惠。无双主管告诉小蓝：他们店铺的商品也开通了 88VIP 的优惠，所以平时在顾客咨询优惠的时候可以进行推荐；而且 88VIP 顾客的淘气值都比较高，同时购买频次也比较高，属于乐于分享的顾客群体，可以重点培养成为店铺的老顾客。

小蓝觉得这节课的学习真是太棒了，不但可以引导顾客完成交易，提升自己的销售业绩，而且平台有这么多的优惠方式，自己以后买东西也可以省一笔钱了，同时她也意识到想要成为一名经验丰富的客服，要学的东西真是太多了。

1.6 提升工作效率有法宝——快捷话术编辑锦囊

通过几天的学习，小蓝基本掌握了一个新手客服需要具备的知识。培训空余，小蓝坐在大魏旁边学习如何接待顾客，她发现顾客咨询的很多问题自己还是不知道该如何回答，而且经常是几个顾客同时在咨询不同的问题，短时间也没办法记住所有的问题。大魏说："上次不是向你分享了一本话术手册嘛，你可以先熟悉里面的快捷话术，而且在学习的过程中，自己觉得重要的内容，也可以直接新增个人的快捷话术，这样就算应对不同的咨询问题，也不至于手忙脚乱。"

1.6.1 建立问题库

编辑话术，先要学会收集问题，建立自己店铺的问题库。客服平时可以通过不同的渠道进行问题收集。比如在和顾客的聊天过程中，顾客咨询的高频问题，如包不包邮呀、发什么快递呀等，针对这类问题可以添加并统计到表格中。其次，客服还应学会统计店铺"问大家"中的顾客经常提问的问题，如鞋子有没有味道、衣服会不会起球等，很多顾客会带着这些疑虑咨询客服，所以客服可以提前将它们加到问题库中。当然，客服还可以通过阿里店小蜜中的"常见问题配置"，来提炼店铺的一些常见问题到知识库中。

虽然收集问题越多越好，但并不是所有的问题都需要编辑成快捷话术。客服针对收集来的问题还要进行下一轮的筛选和拆分，有些个性化的问题，需要针对顾客的不同情况进行回复，那就不适合用一条简单的快捷话术进行回复。客服针对有些复杂的问题，需要进行精简或者拆分，每条快捷话术只解决一个问题，不要长篇大论。

针对已完成筛选的问题，客服还要进行分类整理，比如商品类、物流类、追单类，按照不同类型的问题进行归纳整理，最后针对整理好的问题进行话术编辑。

1.6.2 话术编辑规则

虽然很多店铺有现成的话术手册，但是优秀的客服还是会编辑个人的话术手册。授人以鱼不如授人以渔，大魏觉得虽然上次已分享过自己的话术手册，但还是应该趁这个机会教会小蓝编辑话术的方法，因为销售场景不断变化，店铺商品也在不断地更新换代，话术总是要新增和编辑的。客服在进行话术编辑的时候，首先要避开四个话术禁区，再利用六大准则快速地编辑所需要的快捷话术。

1. 话术禁区

（1）"不"字开头。不知道、不清楚、不了解，一问三不知，不是客服该有的工作态度，更不应该在快捷话术里体现出来。这个时候建议客服这样说："亲亲，您的这个问题是有专门的同事负责，我帮您转接同事处理，请您稍等。"

（2）否定顾客。直接说顾客错了，并不是说顾客不会错，但是如果在服务沟通的过程中，客服把这样的话术发出去，那估计就没有下文了。其实，客服可以换一种表达方式："亲亲，我们之间的沟通可能有些误会，我重新整理再说一遍。"

（3）命令式语句。在服务沟通的过程中，有时候客服会需要顾客的一些协助，比如测量尺寸、提交购物凭证等，针对这些问题的话术编辑，要注意避免使用命令式的口吻，生硬的要求顾客很容易使顾客产生逆反心理，进而因为顾客不配合而导致沟通陷入僵局。

（4）敏感词。在进行话术编辑的时候，一些政治类的词汇应避免使用，还有对《中华人民共和国广告法》规定的一些内容也要多加注意，比如最好、唯一等，这些绝对性的词汇都属于话术编辑时要过滤的敏感词。

2．话术准则

（1）准确。不管是规则问题还是商品问题，都要确保话术编辑内容的准确性。前面规则已反复提到，在服务过程中客服的承诺等同于店铺的承诺，所以话术表达的内容要精准，实事求是。

（2）逻辑。有些店铺客服的快捷话术连最起码的主谓宾结构都没有；有的话术一句话中包含双主语；有的话术直接少了句子结构。符合最基本的句子结构，表达有逻辑，顾客才能理解客服要传递的信息。

（3）简洁。无法一次阅读太多文字是人类的视觉习惯，而且处理大量的信息需要时间，所以建议客服编辑话术的时候，一定要对文字进行精简，这个过程就是"抠"话术，抠到没有任何一个多余的字，而且能把问题说清楚。

（4）礼貌。客服在编辑话术时要习惯使用礼貌用语，比如对于顾客的称呼建议用"您"这样的尊称，语义也尽量不要有歧义。现在很多网络语言都属于"新新词汇"，不是所有的顾客都能接受或者理解这些词语，所以在编辑话术的时候，要慎用网络词汇。

（5）语气。有时候文字无法直接表达客服的态度，如果能在编辑的话术中考虑添加语气助词，就可以通过改变语气让顾客感受到服务的温度，当然也可以添加一些可爱的表情（见图1-13），来渲染说话的气氛。

图 1-13

（6）场景。很多人觉得快捷话术过于机械，不能很好地帮助顾客解决问题，那是因为在编辑快捷话术的时候，忽略了场景这个重要因素。比如顾客来查询物流，对于第一次来查询的顾客，客服通常只需要告知查询的结果，请顾客耐心等待；对于再次来查询物流的顾客，客服应及时表达歉意，并给予详细情况的说明；对于顾客多次查询物流无果，甚至已经上升到顾客要投诉的层面，那就需要客服及时安抚顾客的情绪，针对顾客的投诉问题进行加急处理。如果针对不同的查询物流场景，客服只是让顾客耐心等待，顾客是不会有那么多的耐心的，那么最终只能导致售后升级、负面评价或投诉维权的结果。

新的话术编辑出来，都要按照"四不六要"的规则，检查一下是否符合规范，如果没有问题，那就可以添加使用了，规范的店铺话术手册都是这样一条条整理出来的。

1.6.3 话术手册制作

小蓝以为快捷话术就是有需要的时候，客服随便添加一条就可以了，没想到有这么多的门道，可是要编辑多少条快捷话术才够用呢？大魏说，这个没有明确的限制，有的店铺甚至配置了几百条的快捷话术。大魏并不建议小蓝编辑太多的快捷话术，因为过多的快捷话术容易让客服在接待顾客时过于依赖话术，而忽略了人工服务的重要性，再者太多的话术在使用时也不容易找到。所以大魏还告诉小蓝设置话术的一个小诀窍，除了增加分类，还要记得添加快捷编码，这样方便查找，一般情况下100条左右的快捷话术基本就够用了。

大魏还特别提醒小蓝，快捷话术并不是一成不变的，要根据实际情况进行更新，比如店铺上新的商品、大促的活动宣传，以及一些发货的物流更新等内容，都需要及时更新维护。

不管是话术的新增还是编辑工作，客服平时都是通过话术手册来完成的，如图1-14所示。话术手册的制作比产品手册的制作更简单一些，只需要整理快捷编码、话术内容和话术分组三部分，而且 Excel 表格里的快速搜索、批量修改都是比较方便的工具。

流程	快捷编码		话术内容	话术分组
		话术手册		
问候	/wh		欢迎惠顾××××天猫旗舰店，小的在此恭候，有什么需要帮助您的吗？	售前
库存	/kc		报告领导，小的火速来访，现在订单火爆，还好您来得及时，小的偷偷为您备下一份，限时低价，不要错过哦。	售前
咨询	/zx		一看您是行家，一问就问点子上了，英特尔第6代处理器低功耗、高性能，办公、游戏带你飞。	售前
还价	/hj		亲，天猫正品，两年全国联保，限时促销价啦，看您这么诚心，我还要告诉您我们店还有优惠券，您还没有领吗？	售前
关联	/gl		有句话不知当讲不当讲，那个笔记本电脑如果放在床上玩会影响散热，又不方便摆弄，我店的小桌桌高大上、复古色，可以当陈列，还方便随时办公、游戏，桌子自带散热，笔记本又多了一重保护；您是看看还是看看呢？	售前
追单	/追单		亲，是不是不方便呢？为什么拍下没有付款呢？活动期间按付款订单顺序发货哦，早买早到家啦！	售前
送别	/sb		谢谢亲的惠顾，已经安排为您发货了，如果对我们的产品和我的服务满意请打5分哦，小的一定祝您五福临门、好梦成真哦，记得及时验货，有什么问题我们第一时间为您服务，欢迎您的下次光临。	售前

图 1-14

快捷话术是一把"双刃剑"，灵活使用可以有效地提升客服工作效率，但如果过于依赖快捷话术的回复，而且同一话术频繁使用，往往会适得其反，让顾客感觉客服回复得非常敷衍，导致顾客在咨询时的购物体验下降，特别是针对一些个性化的商品需求问题，客服需要一一回复顾客问题，这样才能有效地促进成交。快捷话术只是助力的工具，不能完全替代客服的工作和服务思想。

1.7 万事俱备，只欠东风——上岗进行时

转眼过去一周时间了，小蓝跟着无双主管和大魏的这段时间学习了很多专业知识，也认真地观察了大魏平时的接待服务。今天，无双主管通知小蓝下周要开始试岗了。小蓝觉得自己虽然对客服岗位有了基本的了解，但还是有些紧张，如果在刚应聘时是无知无畏的状态，但在系统学习后，她对这个岗位更加有敬畏心了，规则使用错了会直接影响店铺，商品不熟悉会失去顾

客信任，订单操作错了也会引起售后问题。小蓝打算利用剩余的时间再找大魏开个小灶。

小蓝看大魏这会儿正好不是太忙，赶紧凑上去问道："师父，您还记得自己刚上岗时的情形吗？"大魏说："当然记得，那时候公司还没有这么系统化的培训流程，我迷迷糊糊地就上岗接待顾客了，第一天真是手忙脚乱、洋相百出。"小蓝一听感觉更加紧张了："那我明天怎么办呀，会不会出错呢？"大魏连忙安慰她："没关系的，大家都有一个熟悉工作的过程，开始的时候宁慢勿错，不确定的不要随意应付。关键是要调整好心态，即使遇见问题也会迎刃而解的。"

1.7.1 工作心态

1. 平常心

客服在接待顾客的过程中，可能一笔订单聊两句对方就下单了，也可能同顾客聊了两个小时对方都没下单，或者在这位客服下班后，顾客却在其他客服那里下单了。客服如果太计较得失，因为一笔订单的得失而钻牛角尖，甚至影响之后的接待心情，那就得不偿失了。很多时候，有得就有失，任何人都不会永远吃亏的，不要因为闷闷不乐而错失了下一个更大的订单、更好的顾客。

其实在平时的接待中，很多有礼貌的顾客会在服务结束时感谢客服的服务，并且在评价里点名表扬客服，但是通常情况下人总是对负面信息更加敏感。在服务过程中，偶尔会有一些不通情理的顾客，不仅拒绝沟通，可能还会出口伤人，这时客服应心胸宽阔一些，及时调整好自己的情绪，不能因为受一点委屈就想放弃。面对偶尔的批评或者负面信息，我们只要以平常心对待即可。

2．责任心

如果说做人要有一颗平常心，那做事一定要有责任心。一份工作的意义，对于每个成年人来说，绝对不仅是糊口的工资，更多的是一份成年人的责任。

服务岗位需要对每位消费的顾客的交易订单负责。前面在学习千牛软件时我们说过备注的重要性，在服务的过程中，客服对于顾客的一些特殊要求，一定要记得在订单中备注，养成严谨的工作习惯。细致的服务是一种责任心的体现。

一个网店总有淡季和旺季，大家可能觉得上半年接待工作不是那么忙，但是每年9月就要进入下半年的旺季了，"99大促""中秋团圆季""双11"，一个活动接一个活动，经常会有超负荷的咨询量，客服岗位相当辛苦，而且越忙的时候越可能出错被扣绩效分，但是不管面对什么困难，坚持也是一种责任心。

店铺所有工作人员组成一个集体，有时候顾客咨询的问题也许不在自己的职责范围内，但是出于对集体的责任心，面对进入店铺的顾客，客服都应先做好安抚工作，然后将其交接到负责相关事宜的同事手里。遇到问题首先想到集体的荣誉感，也是一种责任心。

1.7.2　店铺手册

知道小蓝明天开始接待顾客了，大魏热烈欢迎小蓝正式加入客服团队，并表示：既然小蓝要准备“闯荡江湖”了，那么她的口袋里一定要揣着三本客服宝典，前面已经分享过话术手册、产品手册，最后一个客服宝典就是店铺手册，如图 1-15 所示。

店铺手册（总则）

发票问题	物流问题	售后问题	备注插旗		店铺通讯录	
1. 本店铺所有机器都有正规机打发票，默认为增值税普通发票。如需增值税专用发票，请联系客服并按照客服要求提供相关材料，待材料审核通过后方可开具发票并发货。	1. 商品正常情况下发顺丰快递。	1. 收件后要求顾客第一时间验货，如发现空箱或包装箱损坏等异常情况，应要求客户及时拒签并及时拍照联系客服；物流中出现的任何问题由我店和物流承担，及时安抚顾客，消除顾虑。	红色旗子：售后问题	退货、运费承担方式、换货备注	主管：	手机：
2. 发票金额为订单实际支付金额，如果使用积分进行购买，积分部分不开具发票。	2. 顺丰不覆盖或其他特殊情况发EMS，港澳台及海外地区不发货。		黄色旗子：赠送礼品	赠送礼品或其他优惠	发票负责人：	手机：
3. 非促销活动期间，发票抬头默认认为顾客备注的开票信息，无备注则默认为收货人。	4. 为保障货品安全其他快递一律不发。	2. 笔记本全国联保，保修两年。平板电脑产品保修一年。	绿色旗子：已退款、已成交	交易完成	物流负责人：	手机：
4. 促销活动期间，所有发票抬头默认为“个人”，不影响保修，请消费者知晓。	5. 非活动期间：16:00前付款订单安排当天发出，其他订单第二天发出； 活动期间：按照付款订单顺序发货。	3. 电脑出现故障等致电××官方客服：×××-×××-×××× 周一至周日9:00—18:00。	蓝色旗子：自动发货、没有特殊要求	正常发货	售后负责人：	手机：
5. 如果发生发票丢失，店铺不支持无发票退货。	6. 店铺是官方直营，由××仓库统一发货，没有实体店铺，不支持自提订单。	4. 退换货：符合相关规定7天包退、15天包换，支持无理由退换货，不影响二次销售。	紫色旗子：特殊要求	物流、发票	店铺客服：	手机：
6. 发票存放位置：A，用BTC专用胶带封闭在产品外箱顶部的塑料袋内；B，运输包装箱内。	7. 七天无理由退换货：产品问题我店承担来回运费；顾客喜好等与产品质量无关问题的运费顾客自负。				打包：	手机：

图 1-15

没有准备就是为失败做准备。小蓝在接待顾客之前，除了规则和产品问题，对店铺的其他问题也要做全面了解。销售工作提供的是流水线式的服务，客服岗位只是其中的一个节点，上游和下游还有很多部门和同事在做配合工作，而且这些配合工作又是环环相扣的，比如店铺的库存问题、销售以后的发货问题、顾客收到商品的售后流程、不同部门的工作由谁负责、遇见问题找谁对接，诸如此类的问题都可以提前整理成店铺手册。

终于集齐了三本客服宝典，小蓝也通过了无双主管的岗前考核，而且还得到大魏这位师父的亲自指点，她感觉自己能量满满，已经做好了充分的准备工作，开始期待着第一位顾客的光临。在未来的工作中，小蓝是否会一帆风顺呢？

第2章

菜鸟客服现形记

经过一周的岗前培训，小蓝终于通过考核，开始准备上岗啦。周一早上，小蓝按捺不住激动的心情，早早地就来到办公室，等待分配工作任务。无双主管给小蓝分配了一个子账户，让小蓝开始接待顾客。

小蓝信心满满地登录千牛，开始回忆学习的内容，先完成了实名认证，把店铺快捷话术导入千牛软件，抓紧时间又熟悉了一遍，然后打开提前整理好的商品手册，她内心有些小激动，等待着迎接第一位顾客的光临。

2.1 顾客怎么走了——第一时间响应留住顾客

不一会儿工夫，"叮咚"，果然来咨询的顾客啦。

顾客："在吗？"

小蓝："在的，很高兴为您服务。"

小蓝稳住激动的心情，赶紧回复顾客的问候，然后眼巴巴地等着顾客继续咨询，可是顾客却不再咨询了。小蓝不放心，反复点开聊天窗口，依旧没有顾客的回复消息，这该怎么办呢？

小蓝觉得出师不利，有些气馁地请教坐在旁边的大魏："师父，顾客怎么走了？"

2.1.1 及时地二次跟进

其实不仅是小蓝，大魏也曾有过类似的困扰，而且有日趋增多的势头，顾客总是咨询了一两句就不见人影了。大魏没有急于回答小蓝的问题，而是问小蓝："你平时用什么方式网购？"小蓝说："当然是用手机购物呀！"

手机端购物的顾客一般都利用上下班途中的等车时间或工作休息时间等各种碎片化时间来刷手机，所以转身离开速度很快。想想我们自己平时使用手机的场景，一会儿刷朋友圈，一会儿刷淘宝，这边"叮"提示有红包抢，那边"叮"头条新闻被推送出来了，我们很难专注在一个页面。各种 App 都在抢夺客户的时间，碎片化的时间导致顾客的留存时间越来越短，所以客服在接待的第一时间就要想办法留住顾客，即牢记黄金 6 秒的法则。

小蓝不理解地问："我很快就回复了呀，可顾客还是转身就走了。"大魏告诉她，客服要学会抓住关键时机及时地二次跟进，顾客在咨询的过程中，说不定有其他事离开了，比如母婴类目，宝宝一哭闹，妈妈转身就离开了，所以客服要主动留言，可以告诉顾客现在店铺的优惠活动或者新品通知，使用激发顾客好奇心的提问方式及时跟进。比如："亲，有一个好消息要告诉您，请问还在吗？"

小蓝在心里暗暗佩服：果然姜还是老的辣，自己在那傻乎乎地等顾客回复，还以为网络出了问题，原来销售需要我们主动出击。小蓝赶紧谦虚地请教大魏："师父，能告诉我首次回复顾客，还需要注意哪些事吗？"

2.1.2 首次回复四要素

大魏翻了翻自己的工作笔记，然后告诉小蓝，在首次回复顾客问题时，有几个需要注意的事项。小蓝赶紧拿出小本本，认真记录起来。

1. 黄金 6 秒

前面在和小蓝聊天的过程中，大魏也分析了现在顾客网购的特点，在首次回复顾客时，对客服而言最关键的是"快"，力争第一时间及时地响应顾客。现在的年轻人大多是"网络原住民"，在《游戏改变世界》这本书里提到，玩游戏的过程可以即时感受游戏带来的成就感，游戏给人的感觉就是"很爽"，使人沉迷其中而不能自拔，因为即时反馈的奖赏，大脑会分泌多巴胺让人心情愉悦。在购物过程中，怎么让顾客心情愉悦呢？当然是在顾客进店咨询时，客服也能即时反馈，响应时间的快慢，直接影响了顾客的体验和购物决策。客服回复速度太慢，顾客很可能去其他商家咨询，即使继续下单购买，也会觉得客服的服务不够热情。

天猫平台做过大量的数据统计，调查顾客在咨询的过程中可以等待回复的时间，结果显示顾客等待回复的时间每年都呈下降的趋势，这说明顾客在购物过程中的耐心程度越来越低,一旦客服不能及时回复,顾客转身就去其他家咨询购买。对于客服的首次响应时间,在绩效考核中,通常要求在 **6 秒**以内完成第一次的咨询回复。

现在各大电商平台的竞争非常激烈,都想通过好的购物体验留住顾客,天猫对商家也会有严格的响应时间考核指标。咨询体验这一项,重点就是考核"阿里旺旺人工响应时长",如图 2-1 所示。对于店铺的各项数据分析,大魏说以后再教小蓝。

图 2-1

客服可以设置"自动回复",这样顾客在首次咨询客服的时候,系统会自动弹出消息。在培训的时候,无双主管教过设置的方法(本书 1.3.3 千牛软件的系统设置),可是小蓝今天第一天上岗,她太激动了,竟然忘记第一时间设置千牛软件的自动回复。大魏提醒小蓝:**除了自动回复,也要及时跟进人工回复,在客服的绩效软件里,系统的自动回复是不计算为首次响应时间的,如果没有进行人工回复,会拉低响应时间,影响绩效考核数据。**现在很多店铺还开通了智能客服，如果只有自动回复，顾客可能误以为没有人工客服接待。小蓝频频点头，赶紧记下这项重点内容。

2．态度热情

首次响应除了速度，还要注意态度。小蓝提出疑问："在实体店铺，销售人员可以通过微笑、肢体语言来表达自己的热情态度，可是网店客服是通过文字交流的，如何传递出我们的服务热情呢？"大魏鼓励小蓝："你刚才回复的'很高兴为您服务'就是一种态度的表现。"

除了及时地响应顾客表达服务的热情，客服还可以在干巴巴的文字回复之外，添加一些可爱的表情来提升服务的温度，有时候千言万语不如一个可爱的表情包更贴切地表达客服的热情。此外，话术的结尾也可以多一些语气助词，让每位客服都成为可爱的萌妹子，如"很高兴为您服务呢""亲亲，让您久等啦"。通过文字、语气助词和表情的组合，客服说出的话会更加有温度，让顾客倍感亲切，相比冷冰冰的文字，这样的服务更能体现客服的态度。

小蓝想：大魏果然是无双主管的得力帮手，和无双主管教自己的"三心二意"的说法一样呢。她赶紧一脸讨好地对大魏笑道："师父，把你压箱底的表情包分享一些给我吧！"

3．简洁丰富

想要第一时间吸引住顾客，回复的内容要言之有物，而不是用简单的"在的"敷衍了事。大魏告诉小蓝一个常用的回复话术公式，即"顾客称呼+店铺+自我介绍+态度"，如"亲，欢迎光临 XX 旗舰店，我是您的专属顾问小蓝，很高兴为您服务呢"。

虽然淘宝的"亲"文化已经深入人心，但是客服对于顾客的称呼，并非千篇一律地都用"亲"，客服可以根据不同店铺的风格来称呼顾客。有些店铺的客服会亲切地称呼顾客"小姐姐"，或者一些更可爱的称呼"小仙女们"，还有以直播为主的店铺的客服会称呼顾客为"宝宝""老铁"。客服对顾客的称呼并没有固定的格式，选择符合自己店铺风格的昵称，能让客服快速拉近与顾客之间的距离。

前面提到手机端顾客流失速度快，在有限的服务时间内，客服还要尽可能传递更多的信息，增加回复内容的丰富度，通过关联问题的设置，把顾客最感兴趣的店铺优惠、物流等信息关联到首次回复的内容里，具体设置方法可以参考前面的内容（本书 1.3.3　千牛软件的系统设置）。

4．逻辑清晰

有些客服在设置自动回复时会严重超负荷，恨不得通过一次回复把所有信息都告诉顾客，可是如果都是重点，就没有重点了。客服需要根据店铺不同时段的服务重点来更改内容，比如店铺最近需要主推一款新品，就可以关联店铺的新品链接，如果临近"双11"的活动大促，那么最显眼的位置应该介绍店铺的优惠信息。自动回复的关联问题，选择一到两条重要信息传达，而不是"眉毛胡子一把抓"。每条关联问题信息只聚焦解决一个问题，不要说物流又扯上退货的内容。

在设置自动回复时，同时要考虑阅读的细节，如页面排版应简洁、内容应清晰有逻辑。设置后，在手机端的聊天窗口应重点检查内容和排版的设置。

回复内容是否超过一屏。全部内容如果需要上滑页面操作才能查看，顾客通常就懒得继续看，这样的设置反而会弄巧成拙地导致顾客流失。

表达内容是否有分段。一大段回复话术将进门问候、店铺优惠、物流信息全部都堆在一起，让顾客不知道客服想要传递什么信息，最终使客服错失了第一时间高效传递信息的良机。

比如，一个活动大促的自动回复，内容可以设置"进门问候+优惠活动+活动时间"，信息主要聚焦在店铺的活动上，顾客一进店就会被活动吸引。如果想知道其他相关问题，顾客可以点击蓝色的关联问题，获取其他信息。

掌握时间、态度、内容和格式四要素，顺利地完成客服的首次回复，可以给顾客留下良好的第一印象，并在第一时间留住顾客。

2.1.3 响应时间提升小贴士

现在小蓝已经意识到首次回复的重要性，也了解了首次回复设置时的注意事项，可是前面大魏说自动回复在绩效考核时会过滤掉，那么有经验的客服是如何提高人工回复时效的呢？小蓝在之前学习的过程中，掌握了千牛软件的一些使用诀窍，如今利用到自己的工作中，果然事半功倍。

- 先把快捷话术都做分类和设置编码，在接待顾客时，只要在聊天窗口输入"/+编码"，就可以快速找到需要回复的快捷短语。
- 把千牛软件接待窗口里的"联系时间"修改成"等待分钟"，这样系统会展示每位顾客的等待时长，客服看到滴答滴答的秒数增加，因为精神高度集中，会不自觉地提升打字的速度。
- 大魏在聊天时，都会习惯将聊天窗口一开一关，即每次回复完一位顾客的信息就关闭当前对话窗口，而且只要轻按一下 Esc 键，就可以关闭当前的聊天窗口，不需要用鼠标来回切换，这样也可以提升打字的速度。对于重要的顾客，大魏还会对其重点标星处理，这样就不会有遗漏了。
- 小蓝还很惊奇，大魏在聊天过程中，输入一个词语就会出现一段回复的内容，原来也通过输入法里的自定义短语，把一些高频问题的答案直接编辑成自定义短语，回复的速度如同坐上了火箭，嗖嗖快。
- 对于店铺的主推商品，大魏直接将其加在千牛软件的商品推荐里，这样在顾客咨询商品时，新手客服就可以快速地参考页面进行说明。商品推荐的方法也很简单，只要在商品热销里把需要推荐的商品加小星星即可，如图 2-2 所示。

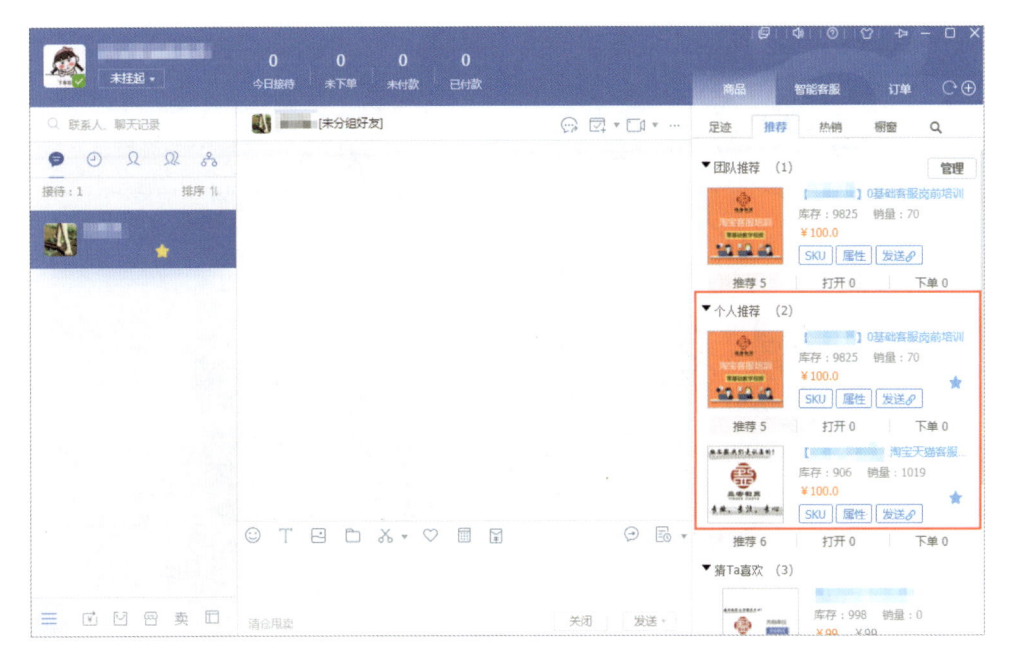

图 2-2

第一天的接待在手忙脚乱中结束啦，小蓝总算逐渐适应了，但是早上的小小挫折也让她意识到：就算上岗了，也不意味着自己就已是一位合格的客服，未来还会有很多新问题等着自己去解决，也还有很多的销售技巧需要向老客服学习。

2.2 咨询的颜色没货怎么办——不同商品库存的销售策略

小蓝开始逐渐适应工作的节奏，但是今天遇见好几位顾客都是同样的情况，问一下商品库存就消失了，她又有点无从下手了，顾客前来咨询，基本第一时间都会确认商品有没有货。小蓝回复顾客"能拍的就是有的，不能拍的就是没有的"，回复后很多顾客就不再继续咨询了，如果咨询的商品缺货，顾客走了还可以理解，为什么咨询有货的顾客也不再继续咨询了呢？

051

趁着中午吃饭的时候，小蓝又赶紧向大魏请教了。

小蓝：师父，顾客问的商品明明有货，为什么他们不再继续咨询了呢？

大魏：那你主动和顾客介绍商品卖点了吗？

小蓝不好意思地说：我就告诉顾客能拍的就是有货的。

大魏说：这种就是"正确的废话"，对于销售没有任何帮助。

小蓝：那还有一些商品确实没货呀！

大魏：那就主动推荐其他款式。

大魏趁着中午吃完饭休息的时间，针对库存问题的回复，和小蓝一起做了一番分析：每个店铺所销售的商品，无非就是有货或者库存不足，但是针对这两种不同的库存状况，客服的销售策略是完全不同的。

2.2.1 库存充足的销售开场白

针对有货的商品，具体可分为日销商品和活动商品两种。

1．日销商品

大多数店铺的商品并不是天天参加活动、有优惠价格。针对日销商品，顾客咨询时在有货的情况下，客服可以称赞顾客的眼光，比如"亲亲，您的眼光真好，这款是我们家的热销款，顾客都反馈非常好呢"；也可以通过商品卖点来推荐，比如"亲，您看上的是我们家的新款眼罩，桑蚕丝的材质，不但遮光，还很亲肤"。**客服肯定顾客的眼光，能快速地和顾客建立连接；主动推荐商品卖点，也能快速地吸引顾客，引导顾客进入下一步的咨询环节。**

2．活动商品

如果顾客咨询的正好是活动商品，**客服就需要抓住关键时机向顾客宣传店铺的活动，强调此刻购买的性价比，营造限时限量的紧迫感，促使顾客尽快下单。** 相对于得到，每个人更讨厌失去，所以每年的"双11"大家仅仅因为价格很优惠，就会买一堆可有可无的商品。很多人会从以前买"必需品"逐渐转变为买"必欲品"，铺天盖地的广告宣传使他们觉得错过优惠自己就会损失惨重。顾客平时来咨询的商品基本都是"必需品"，如果客服能用活动吸引，下单成功的概率就会更高一些。

即使都是有货的商品，客服也应采用不同的推荐方式。比如顾客如果询问"为什么新品没人拍"或者质疑库存商品"会不会有质量问题"，面对这些问题，客服都要有应对的答案。

2.2.2 库存不足的商品推荐

每个店铺都难免会遇见商品短缺的时候，针对库存不足的商品（文中没直接用"缺货",因为依照平台规则缺货等同于未按约定时间发货,将被按违规处理),客服在接到顾客咨询时,需要和仓储部门的同事先确认商品库存,了解清楚顾客咨询的商品仅仅是暂时缺货在补货中,还是彻底断货不再销售。

补货的商品大多是店铺的热销商品,可能断了某个颜色或者尺码,特别是一些季节性的商品,会因一些原料问题导致产品的供应链跟不上。遇见此类情况,客服要向顾客积极说明,清楚告知商品目前处于预售状态,需要等待时间,顾客接受情况再下单。**客服不能一味地为了成交,承诺顾客可以及时发货,而店铺一旦没有按照官方规定的时间发货,就很容易引起不必要的售后投诉。**

断货的商品也被称为升级的商品。一个店铺总不能千年万年只卖同一件商品,就是百年老字号,也会随着时代变化更新商品种类,网店本身就有快速迭代的特点,店铺销售产品更新换代是必然趋势。当顾客咨询已经缺货断码的商品时,客服可以积极向顾客推荐新款,向顾客介绍升级产品的优势。在推荐的过程中,**客服一定要注意推荐商品的功能属性与顾客需求的功能属性是否相当、价格是否相近,这样才能投其所好,提高推荐的成功概率。**

听完大魏对于商品库存的场景分析,小蓝真是佩服得五体投地。原来客服的每句回复都是需要经过场景打磨的,同时也要传递丰富的销售信息,并且在对话的过程中,还需要掌握提问的技巧,进一步挖掘顾客的需求。难怪大魏说小蓝那句"能拍的就是有的,不能拍的就是没有的"是一句"正确的**废话**",因为单单告诉顾客有没有,是没有其他信息含量和进一步的销售引导动作的。

2.3 回复顾客问题,为什么不理我——通过产品卖点吸引顾客

小蓝认真记完关于商品库存的笔记,看看还未到上班时间,赶紧又问了大魏第二个问题,这也是上岗这段时间一直困扰她的难题。

2.3.1 FAB 销售法则

案例

顾客：这衣服是什么材质的？

客服：亲，这款衣服的材质成分是 70%的棉+30%的涤纶，面料是纯棉的噢。

（注意，这里客服的回复属于违规行为，只有 100%的含棉量才能说是纯棉的。）

顾客：会缩水吗？

客服：亲，保证正品，可以放心选购噢。

顾客：面料有弹力吗？

客服：有的。

顾客：高领会勒脖子吗？

客服：不会的。

比如上面的这个案例，顾客的问题看似客服都回答了，但是顾客问每个问题的背后原因，感觉客服丝毫不关心。如果客服只是机械地回复问题，看似在卖力地介绍商品，却并没有解决顾客的疑虑，那么是很难促成交易的。

在销售的时候，客服可以通过 FAB 法则来提升自己的销售能力。FAB 对应的是三个英文单词，即 Feature、Advantage 和 Benefit，分别代表商品的属性、作用和益处，按照这样的顺序编辑销售话术，会更容易打动顾客。**在这个法则中，最关键的就是 Benefit（顾客的利益点）**，顾客在选购任意一件商品时，一定是这件商品能为顾客解决具体的问题，顺利解决问题就是顾客关注的利益点。

1. 商品属性

商品的基本属性包含了很多信息，比如材质、颜色、尺码等内容。客服在上岗前都是经过系统培训的，对于商品属性也不陌生。但是一个客服能把商品介绍得简单、明了，并不是一件简单的事。

（1）商品颜色。商品的色差问题是在所难免的，不管是过去网页中的图片，还是现在直播间的商品展示，顾客收到后总感觉有卖家秀和买家秀的区别。客服在介绍颜色时，可以用一些对比色或者形容词，比如一度很流行的火龙果颜色，那就是和红心的火龙果一样的颜色，这样可以给顾客更加直观的体验感受，而且当顾客收到商品时，会感觉商品属性与个人期待值更符合。

（2）商品尺码。有的顾客很纠结，到底是买大还是买小。客服除了需要具备推荐合适尺码的经验，还要关注销售的群体，如果是中老年顾客选购服装，就建议选大的，因为多数的老年人更喜欢宽松、舒适的穿着。

更多的商品知识可以通过前面的商品手册来学习（本书 1.4.1 产品基本属性）。

2. 商品作用

商品作用通常指的是商品的功能，每件商品都有自身明确的功能，而且很多商品还是多功能综合型的。客服需要进行充足的准备，对自家商品的功能了然于胸，这样才能更加自信地为顾客推荐商品。一位美妆店的客服主管，虽然是男生，但是对于店铺销售的口红，他都亲自试色过，他告诉客服，口红涂在手背上的触感和涂在嘴唇上的触感是完全不一样的，试色过的他能更准确地向顾客描述口红上唇后的颜色和滋润度，他通过自己的专业知识赢得了许多顾客的信赖。

现在网上还有很多稀奇古怪的东西，它们貌似不具备任何功能，但是对于一件商品来说，除了通常的功能价值，还有一种是情绪价值，一件艺术品可以提高空间品位，这就是它的功能；而一只网红复读鸭可以为顾客减压，带给顾客好心情，这也是功能。任何商品的价值都是一种功能，无须局限在使用功能的单一认知里。

3．商品益处

商品益处就是顾客的利益点。**顾客的购物过程就是在为自己的需求买单，不管是物质需求还是精神需求，这也是销售的重中之重。客服只有真正了解顾客需求，才能精准地介绍商品功能，并且这个功能恰巧是顾客需要的。**很多人以为顾客的离开是因为价格问题，但是通过后台的数据分析发现，顾客离开的大多数原因是因为自己的需求没有被关注，更没有被客服重视，所以他们才会选择离开。

每位顾客在购买商品的时候，因为关注的重点不同，所以他们的需求也是不同的，哪怕是同样的商品，因为使用场景不同，顾客的购买需求也不尽相同。

同一款衣服，有的顾客会更加关注材质，比如是否粘毛，客服要说明材质的特点，打消顾客的疑虑，顾客的利益点就是"好打理"。而身材微胖的顾客更关注这款衣服是否显瘦，这时客服从剪裁的特点、面料的垂坠感和包容度来介绍这款衣服，比单纯地介绍衣服的材质更能吸引顾客，因为顾客的利益点只在"显瘦"。还有的顾客，对于这款衣服的颜色特别纠结，那么客服就可以从搭配的角度、流行色系、肤色搭配等各方面，综合来推荐这款衣服的颜色，因为顾客的利益点是"合适自己"。其实，顾客还有很多需求点，因篇幅关系，这里只选了几个常用场景。即使一款衣服涵盖了诸多优点，客服在介绍商品的时候，也切忌囫囵吞枣、长篇大论，或者直接抛出一篇小作文似的快捷话术，这都是销售的禁忌，因为对于顾客来说，一旦没有真正说到他的需求点，这就是一件不能满足他需求的商品。

除此之外，场景不同，顾客对商品的要求也是不同的。比如一位顾客现在想选一款四件套的床品送人，那么顾客会有什么样的需求呢？对，高档的商品包装，这样送人才能拿得出手，而客服如果只是努力地介绍商品的性价比，就完全偏离了主题，导致顾客流失也很正常。又如顾客购买空调，如果是自用的，那么客服可以突出空调的节能省电、静音安睡等特点，但如果顾客只是将空调安装在临时的出租房，那么空调的性价比自然更让顾客动心。

以上这些需求，有的是顾客在咨询的过程中会直接告知客服，而有的可能是顾客并没有直接表达出来，所以客服要学会通过提问来探寻顾客的真实购物需求。不管商品多么完美、价格多么优惠，不是顾客需要的，顾客也会流失，流失只是结果，背后真正的原因是被忽略的顾客需求。客服在商品介绍时要找准顾客的利益点，明确购买这件商品会给顾客带来哪些好处。

关于FAB法则的商品销售话术，需要客服在工作过程中针对不同的销售场景逐渐完善，越丰富的销售场景话术，越能满足顾客的多样需求，看懂顾客的需求，自然就离成交不远了。

现在学会了FAB法则话术，大魏让小蓝重新优化一下前面的接待案例，很快小蓝交出优化后的回复话术。大魏说"非常棒"，对话中感觉小蓝的服务专业度直接上了一个台阶，相信如果再遇见同样的咨询场景，顾客的购买意愿也会更强。

案例

顾客：这款衣服是什么材质的？

客服：亲，这款衣服的材质是70%的棉+30%的涤纶，面料柔软，贴身打底非常舒适。

顾客：会缩水吗？

客服：亲，衣服都是经过水洗处理的，正常洗涤不用担心缩水问题。

顾客：面料有弹力吗？

客服：是高弹材质呢，方便说一下您的身高、体重吗？

顾客：身高 160 厘米、体重 52.5 千克。

客服：您的身材很标准呀！这款衣服您按照正常尺码选择 M 号就可以。

顾客：高领会勒脖子吗？

客服：您放心，我本人是"矮脖子星人"，穿着也很舒适，而且高领打底很好搭配衣服。

优化过的客服回复，重点是理解顾客每次提问背后的真正需求，通过遵循 FAB 法则处理销售话术，不断地找准顾客的利益点，比如材质贴身舒适、好打理、款式也非常百搭，让顾客感觉这正是自己需要的。**同样是介绍商品的基本属性，如果加上顾客利益点的属性，那就是为顾客量身打造的商品。**

2.3.2 客服的"知识诅咒"

大魏接着说，小蓝现在还是一个"小萌新"，很多时候信息和顾客是同步的，随着自己工作经验的积累，对商品知识越来越熟悉，对平台的操作也会习以为常，反而容易落入"知识陷阱"。一个人一旦知道某样东西，自己就很难想象不知道它的时候是什么样子，个人的知识反而"诅咒"了自己，所以在介绍熟悉的商品时，客服的产品说明，对于顾客来说常常感觉像是读"天书"。在服务沟通的过程中，客服一定要注意，学会把复杂的东西讲简单，把深奥的问题讲得通俗易懂，少用太专业的术语，否则会直接把顾客绕晕。每个人对于自己不熟悉的领域，本能地会有排斥感，那还怎么谈订单成交？

（1）现在科技的发展日新月异，商品的材质也越来越多样化，每年都会因为工艺改良出现各种新型的复合材质。不管是因为平台规则，还是因为客户体验，客服在介绍材质的时候都要**认真务实**，不要故弄玄虚。

（2）每个行业都有一些比较**专业的行话**，客服在服务过程中有时候也会不经意地说出。比如顾客咨询店铺发什么快递，那就和顾客说明发 XX 快递，而不要笼统地说句"三通一达"。曾经有一位顾客还以为客服说的"三通一达"是一个新快递公司的名字。

（3）**购物流程的操作**。比如现在每个店铺都有优惠券，一位资深的客服根据自己的经验，常常误以为顾客领取优惠券是自然而然的事，但是有很多朋友在买东西时从来不领取优惠券，而是直接下单，不是他们不差钱，而是他们不知道如何领取优惠券、如何使用优惠券，或者有时是怕麻烦。所以，客服可以主动发放优惠券给顾客，提醒顾客领取优惠券后再下单，对于新手顾客可以多给予一些耐心指导，让顾客顺利完成下单支付。

（4）**"网络梗"的使用**。客服团队是一个非常年轻的群体，基本都是"网络原住民"，所以对很多网络语言、一些流行的"网络梗"，用起来都是得心应手。但是在服务场景中并不建议大家过多使用网络语言，毕竟网络世界看着很开放，但实际有很多二元空间，你喜欢的不一定是别人感兴趣的，如果无法理解表达的意思，反而会觉得客服很不专业。而且，即使顾客懂这些"网络梗"，也不代表他会喜欢，在服务场景中规范的礼貌用语会更加合适。

听到这里，小蓝赶紧吐吐舌头，想想自己随口就冒出的那些"网络梗"，和朋友之间聊天可能觉得很有趣，但对顾客这样说，确实不太合适。午休时间结束，小蓝匆匆回到工位，整理起不同库存的销售场景和热销商品的 FAB 话术，她觉得自己又掌握了两招"必杀技"。

2.4 顾客说再看看，我怎么办——突出产品的客户价值

这两天小蓝的接待还算顺利，有大魏这个贴心师父，遇见问题总能在第一时间得到及时帮助，但是今天无双主管下班后，把小蓝叫到了一边，说小蓝的转化数据还是比较低，特别是对于没有第一时间下单的顾客，都会轻易地放弃。

2.4.1 解决顾客问题而不是解决顾客

顾客在购物的过程中，不仅是购买商品，还会连带着购买和商品相关的服务，而这些和商品相关的问题，客服都需要尽量帮顾客解决。

顾客：嗯，打算就买这盆兰花。

客服：好的，亲，今天购买还有限时优惠呢！

顾客：可是我不会养花呀！

客服：没关系，养花很简单的。

顾客：那兰花怎么防虫呢？

客服：我也不知道。

顾客：你们店铺有兰花的防虫剂吗？

客服：没有的。

顾客：那我再看看吧。

无双主管让小蓝分析一下这个案例，说试着换位思考一下，如果自己是这位顾客，还会继续选择购买兰花吗？小蓝赶紧摇摇头，说："不会买！"无双主管问："为什么呢？"小蓝回答："客服的回答很不专业，买得不放心。"

是的，"专业"是顾客在购物咨询过程中最直接的感受，一个客服对于自家商品都不专业，很难赢得顾客的信任。而这个"专业"是一项综合能力，并不是详细地介绍商品就叫专业。还记得在前面我们强调的产品周边知识吗？作为一名专业的客服，需要不断地拓展自己的商品周边知识。

客服虽然把兰花介绍得很仔细，兰花的品种也是顾客需要的，可是在临下单的时候，顾客问了一些关于兰花种植的问题，客服的回复让人大跌眼镜。记得某部电视剧里有一段经典台词，形容不作为的领导，就是"热情、礼貌、一问三不知"这和案例中的客服是一样的。对于案例中卖花的客服，其实不仅要了解兰花的特性、种植技巧和注意事项，还可以学几首和兰花相关的诗歌用来赞美喜欢兰花的顾客，这些就会显得顾客更有品位。

最关键的是用这些知识来解决顾客的问题，比如顾客咨询兰花防虫问题，即使你是新人客服，不知道答案也没关系，你可以咨询老客服或者通过网络查找兰花防虫的方法。而关于兰花的杀虫剂，客服也可以通过网络来了解兰花适用哪种杀虫剂及使用杀虫剂的注意事项，然后转告顾客，而且可以诚实地告诉顾客，自己也是通过网络查找而得知的。什么是好的购物体验，就是省钱、省力、省脑，不要让顾客去思考太多的问题，顾客提出问题，我们可以通过各种渠道帮助顾客解决问题，这样对于顾客来说就是满意的购物体验。

无双主管又给小蓝看了一个案例，店铺页面写的到货时间是"隔天就到"，顾客正好等着急用，就向客服咨询了。

顾客：今天下单，明天是否能到？

客服：具体的要看快递时效哦。

顾客：页面上写的到货时间准确吗？

客服：那个只供您做个参考，具体还是看快递，无法保证。

顾客：可页面写的下单明天到呀！

客服：建议您考虑一下哦。

顾客：那好吧，我再看看。

还没等无双主管发问，小蓝赶紧说，客服压根儿没有为顾客解决问题，也没有去了解顾客急于收到商品的原因。无双主管非常认同小蓝的分析，但是让小蓝思考一下：在工作中，自己是否也会说类似的车轱辘话？小蓝想起了师父说的"正确的废话"，觉得可能很多时候，自己还是没有好好地关注顾客需求，并为顾客解决问题。

在上面的案例中，其实顾客对于产品已经没有异议，只是纠结发货和到货时间，但是客服为了避免承担责任，只是一味地说模棱两可、没有营养的话，最终只会惹恼顾客，使其选择放弃购买。客服不但没有解决顾客的问题，反而直接解决了顾客。

2.4.2 客服口袋里的十个小白问题

无双主管问小蓝，在接待过程中，她是不是感觉很多时候都会卡壳，和顾客聊不下去了，顾客并不再对自己的回复或者提问做出反馈？小蓝不住地点头，觉得无双主管太了解顾客了，总感觉自己怎么用力也留不住顾客。无双主管说，优秀的客服都会提前准备好销售问题，当顾客"已读不回"时，不会一味地追问顾客"在吗"，也不会无关痛痒地假装关心问"亲亲，还有什么问题需要咨询吗"，这些对于顾客来说，都和自己无关，所以顾客即使看见客服的问题，也懒得回复。

而优秀的客服，都会有一个小秘密，那就是**"客服口袋里的十个小白问题"**。小白问题，顾名思义就是非常简单的问题。小白问题，第一个标准就是简单，不要让顾客过多地动脑，比如"您家是男宝还是女宝呀"。第二个标准**是尽量选择封闭式提问**。客服在提问的过程中，比如"亲，有什么问题需要咨询"，这种就太开放了，顾客也不知道一下从哪里说起，还是不符合第一个标准"简单"；如果客服换一种问法，比如"亲亲，您刚才咨询的鞋子是否需要加绒的"，那答案要么加绒，要么不加绒，对于这种选择题，大多数顾客还是乐于回复的。**第三个标准问题里应有"钩子"。**平时我们在网络上选择文章阅读，通常都会对那些反差大、激发好奇心的标题更感兴趣，忍不住点进去看一看，所以客服在提问的过程中，也要学会用"钩子"，多提一些使人好奇的问题。比如"亲亲，有一个好消息要告诉您，请问还在线吗"。

  提问这项能力，其实在我们年幼时很强，在成长的过程中却不断降低。沟通专家熊浩老师曾说过，**沟通是一种天真的能力。**小朋友每天都会提出五花八门的问题，我们都会忍不住去回答，而且也会好奇他们怎么那么多天马行空的问题，但是我们成长的过程是学习的过程，所有的学习都只是告诉我们答案，而不是让我们提出问题。所以，渐渐地我们只会提出一些无趣的问题，顾客即使看见，也没兴趣回复我们。作为客服，我们沟通的第一步就是学习提问，按照上面三个标准多准备一些小白问题，通过恰当提问使我们和顾客保持畅通的沟通关系，只要顾客愿意说，那一切都会成为销售的契机。

2.5 顾客下单是不是就结束服务了——关联推荐提升客单价

  一周数据统计出来了，小蓝的各项考核指标均低于店铺平均数据，特别是客单价最低。看到上光荣榜的薇薇，小蓝既羡慕，又有点气馁，觉得自己已经很努力了，做客服真的太难了，昨天晚上睡觉她都梦见自己在向顾客介绍商品。

大魏看出小蓝的情绪有点低落，于是在午休的时候，请小蓝喝了一杯奶茶，师徒二人坐在公司的休息区，大魏想着怎么帮助眼前的小徒弟。

大魏：小蓝，你知道公司上个月的销售冠军提成是多少吗？

小蓝：无双主管说工资是保密的，不能打听。

大魏：是的，不过销售额可以猜一猜，上个月销售冠军的销售额XX元。

小蓝惊讶万分：天啊，卖了这么多呀！我一周怎么才卖那么少呀！

大魏：销售额等于咨询人数乘以询单转化率，再乘以客单价，从这一周的统计数据来看，薇薇的各项考核指标都比你的高呀！

小蓝一下来了精神：我也想做销售冠军（幻想购物车里心仪的口红已在和自己招手了）

大魏：那我们先从考核指标最低的客单价开始吧！

小蓝：好呀，我已经准备好啦！

2.5.1 关联销售的作用

客单价是指通过客服个人服务成交的顾客，其平均每次购买商品的金额，即客单价=客服销售额/顾客人数。提高店铺的客单价，是对店铺综合运营能力的考核。产品经理在选品时需要考虑到商品的互补性，运营人员在活动设置时要通过官方软件设置商品的关联销售，而最关键的就是客服在服务过程中能主动地关联推荐其他商品。所以，关联销售不仅决定客服业绩的高低，还对店铺的运营起到关键作用。

1. 体现客服能力

客服的职责是让进店的顾客购买商品，让买过商品的顾客买更多。客单价的高低直接影响客服的绩效考核，客单价是客服绩效考核的核心指标，而客单价高的客服，其销售额也高，所以关联销售的能力是客服专业能力的体现。

2. 新品破零

店铺的新品因为没有销量和评价，经常容易被进店的顾客忽略，而新品的破零工作可以通过客服的关联推荐来实现。对每位成交的顾客进行新品推荐，总是会有人买单的。关联销售运营的基本策略是，随着顾客购买金额的递增，给顾客推荐店铺中的全店满减或新品折扣活动，通过优惠的价格吸引顾客下单。因为已购买过商品的顾客对客服有一定的信任基础，客服再进行关联推荐，成功的概率会非常高。

3. 降低成本

现在互联网的获客成本越来越高，每位进店的顾客买得越多，越会摊薄人均成本，特别是平台的直通车、钻石展位这些付费的推广。每位进店的顾客都直接产生点击费用，如果没成功下单，或者只购买低价的引流款，那投资回报率（ROI）会直接倒挂。

4. 增加流量

平台考量一个店铺的价值，主要考量服务和商品两方面。服务的各项数据是考核一个店铺是否优秀的重要指标，比如响应时间、退款时效等，而这些数据都来源于客服。另一方面就是商品，店铺的价值主要体现在顾客是否收藏店铺商品、是否购买店铺商品，如果顾客购买的商品越多，说明这款商品的坑位值产出越高。例如，一位 1 小时能做 100 碗面条的厨师和另一位 1 小时只能做 50 碗面条的厨师，饭店会聘请谁呢？所以关联销售可以提高商品的购买率，从而提升店铺的价值，店铺越有价值，平台越会给店铺增加流量。

综上所述，关联销售不仅影响客服的业绩考核，通过关联销售提升客单价更是店铺的运营策略，这同时也直接影响了店铺的推新、成本和引流这些关键问题。

2.5.2　关联销售的误区

小蓝向大魏倾诉道，自己也会主动向顾客推荐其他商品，但是顾客基本上都不搭理自己。大魏对小蓝说，新客服在进行关联销售的时候，常常陷入一些误区，以为自己做了关联销售，但是在顾客眼里，客服只是在滥发信息。

1. 盲目推荐不精准

有的客服习惯只推荐贵的，不推荐对的，对于这种不走心的推荐，顾客当然不会接受。客服在推荐商品之前，要观察顾客咨询的商品，了解顾客对于商品选择的心理价位，推荐的商品在顾客预算范围内，则顾客更容易接受。除商品的价格外，推荐商品的属性要准确，比如顾客明明说了自己是男孩，客服还给顾客推荐粉色的鞋子，顾客当然不会购买了。

2. 推荐多个不筛选

客服每次给顾客推荐商品的时候，建议推荐 2~3 个经过挑选后的商品，让顾客既有选择的余地，又不会因为选择太多而放弃购买。美国心理学家希娜·艾扬格曾做过一项研究：让参与人挑选果酱，当在一张桌子上放 3 瓶果酱时，参与测试的人很容易选一个自己喜欢的口味；但当在另一张桌子上放了 12 瓶果酱时，很多人反而出现了选择烦恼，有的人干脆放弃选择。所以客服在推荐商品时，并不是越多越好，不要一股脑地发七八条商品链接，这样不仅会让顾客选择困难，也会让顾客感觉客服根本没有用心帮自己挑出最优的商品。

3．推荐商品不说明

很多时候，客服只给顾客发送了一个商品链接，并没有进一步说明商品的卖点及推荐的理由。其实客服可以这样说，"亲，店铺有'满 200 元减 20 元'的活动，您可以选择这件搭配进行凑单"，或者"亲，您刚刚购买的洗发水，建议搭配这款按摩精油使用，这样对于头发健康更有益哦"，这样不管是因为享受商品优惠的价格，还是商品功能互补的加强，对于顾客来说都是有好处的，从而更容易使顾客下单。

小蓝感觉师父指出的这些错误都是针对自己接待中的问题提出来的。大魏安慰小蓝："上岗第一个月是工作习惯的养成期，现在我们一起发现接待中的问题，及时改正还来得及。"小蓝点头说："那师父您赶紧教教我正确的关联销售方法吧！"

2.5.3　关联销售的策略

关联销售不是向顾客发送一个商品链接那么简单，客服在发链接之前还需要了解相关的销售策略。比如在推荐商品之前，客服要了解被推荐的商品和顾客购买商品之间的关系，还要把握时机，在恰当的时候向顾客进行关联推荐。关键是要找到一个关联的触发点，能真正打动顾客，让顾客在原有的计划上愿意一起购买其他商品。

1．关联类型

（1）热销型。客服在进行关联销售时，要选择店铺的热销商品向顾客推荐，如图 2-3 所示。通常这类热销商品都具备销量高、评价好、价格便宜的特点，在顾客想凑单享受优惠价格时，客服推荐热销的商品再合适不过了。

图 2-3

（2）**替代型**。店铺中很多商品的功能是相似的，客服在做关联销售的时候，选择功能相似的商品做关联推荐，更符合顾客的偏好，销售成功的概率也会比较高。比如一位妈妈想为孩子选购一条中裤，对于长度相近、颜色不同的裤子，客服都可以做关联销售，如图 2-4 所示。

图 2-4

（3）**互补型**。一些商品之间的功能是互为补充的，比如一位妈妈给孩子买了裤子，客服推荐了 T 恤，这就是互补型的关联销售。在美妆类目中这样的关联场景非常普遍，如图 2-5 所示。商品功能的互补对于顾客来说其实是正好需要的，但是关联销售需要客服具备丰富的商品知识，对于店铺商品不仅是了解，还要有整体的认知，知道不同商品的具体功能，以及能清楚地表达出商品"1+1＞2"的优势。

图 2-5

（4）**潜在型**。有些顾客会直接提出自己的需求，而有些顾客的需求需要客服去了解，比如一位妈妈想为孩子选购一款隔尿床垫，客服在了解顾客需求后，根据孩子的年龄使用了场景营销策略，另外向这位妈妈推荐了其他适合孩子的商品，如图 2-6 所示。这样既解决了顾客的需求，又让顾客享受到了单件的折扣价格。顾客收到货后，给了非常满意的评价，称赞客服很专业，对于孩子的需求，比自己这个新手妈妈更有经验。

图 2-6

  小蓝有点儿迷糊：师父说的顾客需求，感觉没办法通过几句话就能准确地了解到。大魏得意地笑了一下，问小蓝是否还记得千牛软件里的用户足迹，在和顾客沟通的过程中，可以通过用户在商品里的足迹（见图 2-7）观察顾客的浏览轨迹，从中了解顾客的偏好，这样推荐成功的概率自然大大提高。同时，顾客也会觉得客服的眼光和自己的一致，从而更加认可自己的选择。

  小蓝用无比崇拜的目光看着大魏，觉得这些工作的小技巧要不是有师父指导，估计自己需要花很长时间才能掌握。

图 2-7

2．关联时机

大魏接着强调："关联销售的时机很重要，要在正确的时间做正确的事。推荐早了，顾客对客服还没有产生信任感，推荐其他商品自然收效甚微；但是推荐得太迟，顾客结算完了，你再向顾客推荐其他商品，也很难引起顾客的兴趣，所以客服选择合适的关联时机是非常重要的。"

（1）**推荐时**。顾客在咨询商品的过程中，有时候会犹豫不决，比如一位顾客在购买一件打底衫时比较纠结选哪一种颜色，此时客服可以建议顾客亮色系和深色系各选一件，方便搭配不同色系和风格的衣服。

（2）**议价时**。顾客总是希望以更优惠的价格购买商品，所以经常会提出"能否再便宜点"，而客服通常的做法就是拒绝顾客，或者直接让利给顾客。其实我们还有第三种选择，就是引导顾客多购买一些商品，达到一定的门槛时再给予顾客更优惠的价格，这也是关联销售经常采用的方法。

（3）下单时。对于店铺里的一些清仓商品和新品，建议客服在顾客准备下单时，再进行关联推荐，因为这个时候的顾客与客服之间已建立了信任关系。此时客服再向顾客推荐新品，并告诉顾客前 50 名顾客可以享受 7 折的优惠，顾客会被客服的推荐吸引，当感觉能享受到额外的优惠时，他们往往愿意购买新品。

小蓝似懂非懂地点了点头，到底如何准确把握关联时机，可能需要实践后才能掌握，不过就算了解了关联类型，抓住了关联时机，她还是觉得少了什么，原来师父把"必杀技"放在了最后。

3. 关联触发点

了解商品之间的关系、把握最佳的关联时机是客服的准备工作，而真正促使顾客下单，还需要一个关键的触发点——让顾客买得开心、买得省心。

（1）活动吸引。利用优惠的活动价格吸引顾客，这是最常用也是最直接的关联触发点，但活动也有不同的表现形式。

搭配套餐。提前设置好"1+1"或者"1+N"，这是固定的商品搭配形式，顾客无法随意组合，搭配购买才会享受一定的优惠折扣。

买 N 免一。这种优惠方式使顾客可以在店铺里任意选择商品，比如买三免一，顾客下单购买三件，确认收货后，商家会将其中价格最低商品的金额退还顾客。

满件折扣。买 N 免一。对于高客单价的商品就不太合适了，总不能一单就免几百元，没有哪个商家有那么高的利润空间，所以一些商家就会选择满件折扣的形式。比如同样是买三件，可以享受三件 85 折的优惠，对于几百元客单价的商品，优惠力度也是很大的。

满额就减。顾客购买达到商家设置的购买金额就会减去对应的金额，比如"满 200 元减 20 元"这样的满减优惠形式更加吸引顾客。这和满件折扣的优惠形式类似，一个是金额门槛，一个是件数门槛。

第 2 章　菜鸟客服现形记

满件折扣和满额就减这两种优惠形式的优势就是阶梯式的上升。顾客会不断地累计购买金额，只为了达到优惠的门槛。

（2）条件刺激。并非所有的顾客都对价格特别敏感，比如有的顾客想要顺丰包邮，有的顾客想要店铺的定制赠品。对于顾客的需要，客服可以以满足顾客需求为条件，提升顾客的购买单价，告知顾客店铺满三件可以顺丰包邮，或者定制的赠品和新品搭配才会赠送，不单独售卖。在这些条件的吸引下，顾客也会倾向于多购买几件商品。

（3）情感共鸣。客服在销售商品时要掌握顾客的心理，吸引顾客的永远不是价格，而是价值，特别是商品的情感价值，一旦打动了顾客，客单价自然会得到提高。所以商家在搭配各种商品的时候，都会关联到顾客最纯粹的情感。

和亲情相关的各种商品，比如琳琅满目的亲子装、孝敬父母的保健用品等，商家的这种情感设置，在满足家庭每位成员需求的同时，通过增加顾客购买商品的数量促进客单价的提高。许多商品还关联到爱情和友情，因为这类商品的购买人群比较广，所以销量好、客单价高。

有时候可能一个触发点就能促使顾客下单，有时候可能需要多种方法组合使用才能打动顾客。不管是哪种方式，其核心都是找出顾客的利益点，让其觉得多买更划算。

奶茶还没喝完，小蓝就站起身来，听完大魏讲的关联触发点，她认为自己已经明白了关联销售的技巧。回想刚才接待的几位顾客，她觉得还可以再进行一下关联销售，争取提高客单价。

2.6 顾客说电话号码错了怎么办——核对订单有效降低售后率

今天在客服例会上,售后客服萌萌反映了一个问题。一位顾客的包裹被退回了,顾客的电话一直打不通,快递员无法联系顾客进行派送。萌萌与顾客线上取得联系后,顾客才发现自己没有及时修改电话号码,留的还是以前的电话号码,所以萌萌又重新给顾客补发了包裹。这样一来一回,不仅增加了成本,还让顾客等待时间过长,产生了不好的购物体验,萌萌建议售前客服要和每位顾客核对订单信息。小蓝发现这是自己前两天接待的顾客,当时还为顺利成交开心呢,没想到犯了这么低级的错误,于是赶紧向萌萌道歉。

2.6.1 巧用核对订单进行催付

无双主管借着萌萌反映的问题,带大家重新梳理了一遍核对订单的规范要求。通过对千牛软件中的自动化任务进行设置,系统可以实现自动核对订单，如图 2-8 所示，但系统只是针对已完成付款的顾客信息进行核对。对于拍下商品还没有付款的顾客，就需要客服去跟单了，客服可以主动核对订单，然后委婉地提醒顾客及时完成付款。所以，核对订单不仅是确认订单信息，也是一种催付的方法。

图 2-8

客服要核对订单中的**商品信息、地址和物流**三个方面。比如有的顾客拍下蓝色，却备注黑色，出现订单信息和备注不一致的情况，客服需要和顾客确认最终购买商品的信息。还有，最关键的是顾客的地址信息。很多新手客服都觉得顾客购买商品时是默认地址，怎么还会有错呢，其实在实际工作场景中，经常出现顾客地址信息有误的情况，比如顾客留错了电话号码、换了新地址没有及时更改信息，客服如果忽略了核对的服务环节，容易产生意想不到的问题。如果顾客在购物过程中没有咨询店铺的物流，建议客服在订单核对过程中，和顾客确认店铺的快递（菜鸟仓的商家不需要另外核对快递，因为是默认快递）。

通过核对上述三个方面的信息，确保订单的商品信息准确、地址信息准确，顾客能顺利收到包裹，这样可以有效地减少售后问题，**所以售前客服多说一句话，售后客服少做十件事。**

2.6.2　详细核对订单，提升购物体验

前文提到核对订单的催付作用及核对订单的规范，其实核对订单的服务细节能有效地提升顾客的购物体验。客服在核对订单的过程中，即使信息没有错误，顾客也会觉得店铺服务专业；如果客服在核对订单的过程中，正好顾客有需要修改的地方，那么顾客更会对客服的工作表达感谢。

比如，一位顾客下单后，客服主动和顾客核对地址信息，顾客发现错选了自己客户的地址，如果发票随着订单寄给客户，那将面临巨大的经济损失。正是客服的贴心服务让顾客及时发现问题，避免了麻烦，从此这位顾客成为店铺的忠实粉丝，并且在每次成交后都会称赞客服的服务。

核对订单不仅是为了保障订单的准确性，减少不必要的售后工作，更是通过服务的细节，提升顾客的购物体验。

2.7　老顾客都是从哪里来的——友好告别，增强顾客黏度

小蓝问坐在旁边的大魏："师父，为什么顾客直接找薇薇呢？"

大魏："这种顾客一般都是回头客，顾客觉得服务过的客服更了解自己的需求。"

小蓝："难怪薇薇的业绩那么高。"

大魏："在销售过程中，要学会与顾客友好告别，这样你也会有老顾客的。"

2.7.1 成交顾客的告别引导

网购和线下购物的区别在于,顾客下单付款只是服务的一个方面,后续还会有物流运输,包裹收到后顾客是否满意,以及评价和回购。为了给售后工作做铺垫,客服在销售结束后,要注意和顾客保持一个良好的互动,对于已完成下单的顾客,客服可以做以下工作。

(1)**友好告别**。这项工作主要是客服对顾客的购买表示感谢,同时做一个友好的告别。客服最后的友好告别,对于顾客来说非常重要,有时顾客一旦成交,客服就敷衍了事去迎接下一位顾客,这会让顾客感到失望。善始善终不仅包括售前服务,还包括售后服务。

(2)除了友好告别,在销售即将结束的时候,客服还可以给顾客一些**温馨提示**。比如衣服的洗涤方法、家电的安装步骤、食品的存放注意事项等,这些和商品相关的延续服务也会让顾客感觉到购买商品的附加值,同时也向顾客表明一种态度——商家会为顾客提供持续的服务。这样一旦出现售后问题,顾客也会主动联系客服。

（3）在告别的时候，客服还可以引导顾客对店铺的商品和自己的服务进行积极**正面的评价**。现在大多数顾客较少主动给商家做评价，但是如果客服在销售时与顾客建立了良好的沟通关系，可以在服务结束的时候提醒顾客做出评价，顾客的意愿度会更高一些，其也会做出正面的评价。

（4）在告别的同时，客服可以为顾客**打标签**，如图 2-9 所示。这样，在下次顾客回购时，客服就可以快速想起顾客的一些特点，再做推荐也会更加专业，更能满足顾客需求。比如一个男装店铺对一位进店购买衣服的顾客打了标签，年后客服再接待这位顾客，参考标签后和顾客确认是否还是选择 XX 尺码，顾客就非常开心地说："客服真是好记性。"客服还开玩笑地说："过完年，您还能保持身材，真厉害！"顾客也乐得回复："有点胖了，不过这个尺码还可以穿。"通过标签服务，首先顾客有一种被重视的感觉，觉得客服还记得自己衣服的尺码，其次拉近了客服和顾客的距离，在彼此有好感的前提下，交流自然是顺畅的。

图 2-9

（5）对于已经成交的顾客，客服可以**邀请加入店铺群**。店铺群里会针对老顾客发布额外的优惠信息，平时也会和老顾客保持频繁的交流，增强顾客的黏度，在店铺上新和大促的时候，靠老顾客引爆开场。

薇薇在老顾客的管理上特别用心，比如节假日的祝福、天气变化时候的嘘寒问暖，店铺的优惠活动会第一时间送达老顾客，还包括优先安排发货、售后绿色通道处理等。她用这些细心的服务，换来了很多忠实的粉丝。老顾客通常都会选她上班的时候找她下单，老顾客的订单占她每月业绩的很大一部分。

2.7.2　未成交顾客的加购收藏

不仅是成交的顾客，未成交的顾客也是需要维护的，未成交的顾客也被称为"等待成交的顾客"。顾客只是这次没有下单，不代表以后不会下单，也不代表不会介绍自己的朋友来选购，所以对于未成交的顾客，客服也要做以下工作。

（1）真诚告别。俗话说，买卖不在交情在，虽然顾客没有下单，但是转身就不理人，会显得服务太有功利心。曾经，一个店铺的售后服务给一位顾客留下非常深刻的印象，因为购买的商品不合适，顾客申请了 7 天无理由退换货，在退款后客服给顾客留了言，请顾客核查是否收到退款，并为这次服务没能带来满意的体验表达歉意，还诚恳地邀请顾客关注他们的店铺，顾客被客服热情的态度感染了，后来这位顾客又多次在这家店铺购买过其他商品，就是因为客服那次真诚的告别。

（2）加购收藏。在告别的时候，客服可以真诚地邀请顾客加购收藏商品，比如可以说"亲亲，您可以把喜欢的商品先添加到收藏夹，这样需要购买的时候，可以第一时间联系到我哦"，这既给了顾客台阶下，又为下一次的购买做了铺垫，特别是对于一些大件商品的销售，不能急于求成。不管是平时还是大促期间，顾客加购收藏的数据都是平台对店铺考核的重要指标，所以客服在服务过程中，要积极地引导顾客加购收藏商品。

（3）**关注店铺**。不管是关注店铺还是微淘，粉丝数量的多少对店铺来说十分重要。粉丝数量影响着一个品牌的价值，关注的顾客越多，店铺的商品才会有更多展示的机会。关注的顾客会在打开手机淘宝的时候，第一时间看到已经关注的店铺，也会在不同的场景页面看见店铺的商品，这样大大提高了顾客回购的概率。

不管是成交的顾客还是没成交的顾客，在告别环节客服都要认真对待。在行为经济学里，有一个概念叫"峰终定律"，意思是决定一个人对过程的评价，往往取决于峰值的感受和最终的感受，如果最终的感受是愉快的，那对于整件事情的体验也是愉快的。所以在购物结束时，客服能给顾客一个愉快的体验，那对于这次购物的体验总体就是愉快的。

第3章 菜鸟客服养成记

3.1 客服要懂点心理学——洞察顾客的潜在需求

　　小蓝发现大魏在认真地看书，于是也凑上去看。大魏建议小蓝平时多看一些与销售有关的书籍，不仅可以了解顾客的消费心理，还有助于提高销售能力。比如《冲突》这本书里说道："在有限的需求和无限的欲望之间，在冲动的感性需求和克制的理性需求之间，冲突的原点往往就会显现出来。营销的目的就是洞察消费者的冲突所在，并且解决冲突，满足消费者的需求。"客服做销售就是和顾客打交道，而顾客的心理也是不断变化的，即使在购买同一件商品时，顾客也是有不同的需求的，有的顾客会直接说出自己的需求，有的顾客需要客服在沟通的过程中进行深入的了解。

3.1.1 人人都需要安全感

在马斯洛需求层次理论中，人类除了温饱就是对于安全感的寻求，顾客在购物的过程中提出各种问题，归根结底也是在寻求安全感。如果客服看不到这层需求，只是一味地停留在对商品表面的介绍上，往往会功亏一篑。

顾客：不会有触电的危险吧，我想知道安全隐患。

客服：不会的，使用5号电池，电流不大。

顾客：那就好，谢谢！

客服：亲亲，不客气。我们店铺现在有活动，两套75折，更划算哦，您可以考虑一下。

在上述对话中，顾客想为孩子选购一款益智玩具，但是玩具需要安装电池，所以顾客想知道玩具是否存在安全隐患。客服只是简单告知顾客使用5号电池，然后就开始宣传店铺活动，试图用优惠的价格吸引顾客。可是客服忽略了在母婴类目的销售中，商品的安全性远高于价格。

顾客为孩子选购商品，最关注的就是安全性，不管是吃的、用的、玩的。这个时候，客服如果能洞察顾客的核心需求，强调商品的设计理念和安全保障，打消顾客的疑虑，这比单纯地告知优惠价格更加有说服力。

不仅仅是商品本身的安全性，购物环节的安全感也是顾客的潜在需求。比如在下面的案例中，顾客询问店铺的物流情况，客服不仅答非所问还进行催单，结果往往事与愿违。

顾客：你们店发中通快递吗？

客服：本店已恢复发货，每个包裹都进行消毒，亲可以放心选购。

顾客：你们店发什么快递？

客服：亲亲，本店默认发百世快递。

客服：紫米面包现做现发，非常新鲜哦。

客服：亲亲，如果喜欢就尽快拍下，优先安排发货哦。

顾客的两个问题都是围绕着快递，客服要先了解，顾客为什么选择中通快递，是其他快递超出范围不派送吗？如果店铺的默认快递能送到，再进一步了解顾客的担忧，是因为快递的时效问题，还是快递员的态度问题？当了解了顾客的担忧之后，客服可以承诺做快递跟进，以保障顾客按时收到包裹。物流是网购的一个重要环节，顾客对于物流的担心，客服要及时洞察，并给予安抚和说明。

上述案例中的客服只是忽略了顾客的需求，回答问题不在点子上，还有一些顾客拍下商品后要指定快递，客服就直接对顾客说："发不了其他快递，不行你就申请退款吧！"客服这样的回复会让顾客十分不满意。店铺因快递合作或者分仓管理，有时可能无法满足顾客指定快递的需求，但是客服可以向顾客说明合作快递的优势和物流售后的保障，也可以友好地答复："感谢亲的建议，我们这边会向仓库反映。"

顾客只为自己的需求买单，不管是哪方面的需求，安全感都是顾客购物时的核心需求。客服要理解顾客的担忧，并给予积极正面的回应，做一个值得信赖、能给顾客带来安全感的客服。

3.1.2　销售时不要和顾客的心理作对

销售时还需要了解人性，比如店铺里销量高、评价好的商品总是有更多的顾客购买，很多商品的主页上也会标明累计销量，客服推荐此类商品的成功概率更高一些。因为顾客想着"随大流不会错的，别人有的自己也要有"，这就是流行和趋势，也叫"羊群效应"。

这时候，小蓝提出了疑问："如果顾客问的是新品，就没办法用这样的方法了呀。"大魏说："那就利用人的'求新心理'，现在很多年轻顾客都想追求个性，标新立异，就怕和别人'撞衫''撞包'，你可以称赞顾客眼光独特，这个款式很多人喜欢却担心驾驭不了，但是非常适合这位顾客。这会让顾客忍不住而购买。"

大魏接着告诉小蓝："其实还有很多顾客的心理需要我们了解，比如关键心理'怕'，人类的祖先生活环境艰难，在大自然中和各种生物竞争，稍不留神可能就身陷困境，所以趋利避害是人的本能。现在社会并没有生存安全问题，但是我们的潜意识还是会经常误报，提醒我们注意各种安全问题。"

（1）顾客怕不安全。比如顾客担心食品的添加成分对人体健康不利，这其实是一种潜意识的安全感追求，作为客服要知道顾客这些基本的需求。当顾客咨询此类问题时，客服要详细讲解，打消顾客的疑虑。

（2）顾客怕没面子。比如有的顾客注重商品外包装是否精美，送人是否有面子，箱包材质是否用最好的五金配件，是否和专柜的品质一样。遇见此类需求，精美、品质、档次都可以是客服介绍商品的关键词，这样会让顾客不用担心丢面子。

（3）顾客怕不年轻。年轻是一种生命力的追求，每个人都希望更健康、更美丽，所以各种护肤品、保健品的需求量很大。客服既要学会利用顾客"怕"的心理，又要及时安抚顾客，这样才能促进订单完成。

大魏问小蓝："在什么情况下顾客买东西会毫不犹豫？"小蓝说："秒杀的时候。"大魏说："是的，秒杀不仅仅是因为价格优惠，最关键的是限量。"商家非常巧妙地利用了"稀缺原理"，稀缺的事物会被人们赋予更高的价值，自古就有物以稀为贵，如果遇到限量的东西，顾客基本来不及思考就会下手抢购，所以在顾客咨询商品时，客服可以通过告知顾客库存紧张的方法制造一种紧迫感。

顾客具有强烈的自我保护意识，但顾客也会犯错，比如下错了订单、留错了地址，如果此时客服和顾客争对错是解决不了问题的，只能让顾客感觉客服是在推卸责任。在销售的时候，客服不要一直试图证明自己是对的，因为你是对的，那对方就是错的，没有人愿意承认自己错了。遇到双方有歧义的问题时，客服要做的是解决问题，而不是和顾客争对错，就算证明自己是对的，对销售也没有丝毫帮助。

听完大魏的这些关于顾客心理的分析，小蓝频频点头，觉得大开眼界，她认识到：如果在顾客购物时只是一味地推荐商品，不对顾客的心理做回应，很难做好销售工作。

3.2 从博弈到共赢——议价是销售的最好时机

只要有买卖双方，就会有价格的博弈。顾客议价是很正常的事，作为买方总是希望以最优惠的价格购买商品，而商业的根本是追求利润，在两者之间寻求平衡需要谈判的技巧。可是在实际的咨询服务中，因天猫店铺是统一售价，无法修改订单价格，所以客服常常选择拒绝议价，直接把顾客拒之门外，或者为了少些麻烦，直接给顾客发送优惠券链接，让利给顾客，可是又发现顾客并不买账，而是会进一步提出优惠要求。所以，客服直接拒绝议价或者一口答应顾客的议价要求，最终都不会使顾客满意。

久而久之，客服遇到议价问题，就会采取回避的态度，敷衍顾客的议价要求，这又会导致订单的流失。根据不完全的数据统计，买卖双方因为价格问题导致流失的订单约占流失订单总量的四成，那客服在应对议价问题时，是否有更好的处理方式呢？

3.2.1 议价顾客的类型

客服想要处理好议价问题，首先需要了解议价顾客的不同类型，根据议价的具体场景，给出针对性的回复。面对顾客议价的理由，客服只需要掌握一条原则，即"有条件的让步"，这样才能和顾客达成共赢。

1．承诺型

承诺型顾客在议价的时候，会先给客服承诺，说自己要购买多少件商品，或者说会组织团购，要求客服给店铺的批发价，客服如果给出团购的优惠价格，顾客又反悔说"先买一件，如果质量好再来回购"，这个时候客服就很被动，优惠价格交底了也没促成大额订单。所以，当顾客提出各种假设试探优惠价格时，客服可以给予同样的优惠承诺，但是优惠的条件是顾客达到了那些假设条件，比如下面的案例对话。

顾客：这个优惠点儿吧！

客服：亲亲，您可以先领取店铺的10元优惠券，然后再下单，88VIP会员还可以折上折哦。

顾客：再便宜点儿，我的朋友也想买。

客服：谢谢亲的推荐，下次您朋友要想买，报您的名字就可以优惠哦。

顾客：那先给个团购价。

客服：亲，单件无法再优惠了，如果您的朋友成功回购，我们可以再退差价的。

如果顾客只是开了"空头支票",成交后自然也不需要退差价,万一顾客兑现了承诺,再次回购或者介绍朋友来购买,客服也是非常乐意再给优惠的,毕竟老顾客带来新顾客的成本,比店铺的获客成本要低得多。

2. 扶贫型

扶贫型顾客通常先夸赞商品一番,表达出自己对商品的喜爱之情,当客服以为对方马上要下单的时候,顾客话锋一转,紧接着就开始诉苦"这个月购物太多了、花呗账单到期了、卡上余额不足了",不管是哪种说辞,都是希望商品的价格能更优惠一些。面对这样的顾客,客服有时候很难拒绝,觉得顾客说得情真意切,可是销售不是扶贫,任何商品都是有成本的,在这种情况下直接拒绝顾客会显得不近人情,此时客服可以采取共情的回复方式。

顾客:这双鞋真好看。

客服:亲,您真的很有眼光,这双鞋是我们家的热销款。

顾客:可是价格有点儿高。

客服:这双鞋的材质是牛皮,确实比普通的鞋子要贵一些,但是脚感非常舒适。

顾客:我卡上的余额不够了,能再便宜点儿吗?

客服:亲亲,我们都是薄利多销,没办法给您优惠这么多哦。

顾客:我是一名学生,这个月的生活费快要不够了。

客服:亲亲,等你工作后就知道挣钱的辛苦了,我们工作出现失误也是会扣奖金的,真怀念上学时按月有生活费的日子啊!

客服不要误以为顾客诉苦,就是真的买不起,每个人最喜欢的东西,永远是需要自己踮一踮脚才能得到的东西。顾客会和客服议价,往往都是真心喜欢,但又觉得超出了自己的心理价位,如果是真正买不起的东西,压根儿也不会问。客服可以用共情的方法回应顾客的议价借口,也可以利用议价的技巧让顾客感受商品的价值，商品的价格本就是价值的体现，只要顾客觉得商品有价值，那就不贵。关于高客单价商品的议价技巧，后面再详细说。

3．利诱型

利诱型顾客在议价时会主动抛出一些诱饵，比如顾客会说收到货给商家五星好评，或者直接说"给我优惠 XX 元，马上就下单"。对于顾客的这些提议，客服非常容易动心，不管是五星评价还是转化率，都有利于客服的业绩考核。但是在此需要提醒客服，如果未能满足利诱型顾客的需求，结果可能适得其反。

顾客：这件商品能优惠一点儿吗？

客服：亲亲，您看上的这件商品是店铺新品，本店上新的商品有 9 折优惠哦。

顾客：新品也没什么评价参考，优惠 XX 元，我马上就下单了。

客服：亲亲，现在下单就是优惠价哦，明天就恢复原价了。

顾客：那没优惠，我收到货后可不给好评了。

客服：本店商品货真价实，有质量保证，相信亲收到后也会满意的。

好评返现行为是违反天猫平台规则的，在销售过程中，客服不能利用好评返现来促使顾客下单。当然如果顾客利用差评威胁以达到优惠的目的，客服也可以保留聊天证据，为以后申诉做准备。在遇见这类议价的顾客时，客服应守好底线，不要触犯平台的交易规则。

4．分析型

分析型顾客的逻辑思维能力都比较强，在议价时经常把客服绕糊涂，乍一听感觉顾客说得很有道理。比如，有的顾客会说："你们一件商品包邮，我购买了三件，那就是帮你们省了两份邮费，这件商品给我便宜 20 元不算多的。"商家设置的全国包邮，一件包邮偏远地区就需要贴 10 元，店铺的邮费成本都是均摊的，并不是向顾客那样单笔订单计算的，所以看上去顾客分析得很有道理，但作为商家的运营成本来说不是采用这样计算的方法。

> 顾客：这件羽绒服可以再优惠一些吗？
> 客服：亲亲，现在是换季清仓的价格，很优惠呢。
> 顾客：现在夏天了，羽绒服买了也是穿不上，便宜点儿我就买了。
> 客服：亲亲，就是因为换季了，本店才亏本销售的。
> 顾客：你放着也是占地方，还不如便宜点儿卖给我。
> 客服：亲亲，这件羽绒服是经典加长款，您到了冬季再买，就没有这个优惠价格了。

店铺做换季清仓活动基本都是破底价的，即使这样也会有顾客要求优惠。顾客利用商家想清仓处理的心理作为议价筹码，客服在接待分析型顾客时，需要有理有据地说服顾客，也可以利用不同的心理策略，打破顾客的心理防线。

3.2.2 议价的心理策略

顾客购物时都会有心理防线，总是觉得商家会多要钱，客服与其费力解释商品价格不贵，不如学习一些议价的心理策略，让顾客自己感觉商品价格合理，最终从关注价格到认识价值。

1. 价格锚点

在顾客的眼里，商品的价格是相对存在的，这件商品到底值不值这么多钱，这个定价到底实惠与否，需要一个可供参照的标准，这就是我们经常说的"价格锚点"。比如顾客在逛商场时看见一件羊绒衫 999 元，再打开手机淘宝搜索羊绒衫却发现只要 459 元，这个时候顾客会觉得淘宝平台的商品真便宜，但是如果顾客浏览的基本都是 199 元的羊绒衫，偶尔看见一件 459 元的羊绒衫，可能就觉得 459 元的羊绒衫的性价比更高了。

客服在推荐商品的时候，可以先推荐一个价格贵的，再推荐一个价格便宜的，这样有了先入为主的商品价格做锚点，对比之下，顾客会觉得自己购买的商品价格不算贵。"价格锚点"可以是商品之间的对比，也可以是类比。比如一杯奶茶的钱就可以购买生活中熟悉的东西，人们也习惯性地觉得奶茶价格不贵。

其实店铺中一些商品的定价就是锚点价格，只是为了突显其他商品的性价比，所以客服在遇见顾客议价时，可以利用"价格锚点"策略，让顾客感觉自己购买的商品性价比更高。

2．语义效应

有这样一则关于曾国藩的故事，曾国藩在带领湘军同太平军作战时，几次败于湖南岳阳，作为统领在给皇帝的奏疏中写道"屡战屡败"，旁边的人连忙提醒他，应改为"屡败屡战"，这样一来，意思大相径庭。将士们百折不挠的精神感动了皇帝，皇帝认为湘军是一支顽强战斗的队伍，不但没有怪罪反而给了嘉奖。对一句话的叙述方式稍稍进行调整，便有了不同的语义，不仅规避了损失，也使人的心理感受发生了转变，这就是"语义效应"。得到和失去之间，人们更讨厌失去的感觉，当人拥有一样东西以后，就不愿意失去它。购买几百元的商品，只要商品不包邮，大部分的顾客就会在意邮费，低价损失邮费和高价免邮费的成本一样，但是顾客却觉得包邮更容易接受。

每年电商的"双11"都有很多购物订单产生，这是因为顾客害怕错过优惠，看到想买的商品比平时便宜了，而且再多买一件凑单还能便宜更多，所以每年"双11"一些电商平台不断刷新的销售业绩正是利用了人们害怕失去的心理。

客服在日常销售时，遇见议价的顾客，同样可以利用顾客厌恶损失的心理，强调活动的限时限量，提醒顾客不要错过了眼前的优惠。不要顾客一还价，就轻易贴标签，觉得顾客就是要买便宜货，其实议价的顾客往往是希望获得占便宜的感觉，所以限时限量的优惠更容易打动顾客。面对仅限一天的优惠，顾客经常会忽略自己付出的几百元，而为省下的几十元心情大好。

3. 心理账户

心理账户（Mental Accounting）是芝加哥大学行为科学教授理查德·塞勒（Richard Thaler）提出的概念。由于消费者心理账户的存在，个体在做决策时往往会违背一些简单的经济运算法则，从而做出许多非理性的消费行为。

举个简单的例子，当我们这个月工资为 1 万元时，我们会拿一部分钱还房贷，一部分钱留作生活开销，一部分钱存起来，这些就是我们心中无形的心理账户。每个人的心理账户是不一样的，比如男生愿意为游戏装备花很多钱，却无法理解女生购买不同颜色的口红，我们找到顾客愿意花钱的心理账户，那价格就不是问题了。

一个店铺的保温杯卖 159 元，是普通保温杯价格的几倍，可是销量却非常高。观察客服的聊天记录，原来在服务过程中客服会先问顾客"保温杯是给谁购买的"，如果是给父母购买的，客服就会及时转移顾客的心理账户，除了介绍保温杯的材质、保温效果，还会在沟通过程中讲述父母夜间喝水的习惯、喝温水有益健康等。作为生活用品，一个保温杯 159 元不便宜，但是把生活账户换到情感账户里，这个保温杯有益于父母的身体健康，表达了儿女的孝心，那 159 元真不贵。

再比如，一盒巧克力的价格虽不便宜，但是作为情人节的礼物，向爱人传递自己的爱意，顾客就不会觉得贵了。情感账户通常是顾客最愿意花钱的心理账户，客服在遇见议价的顾客时，要学会把商品和情感的心理账户关联起来。

3.2.3　议价的实战技巧

无"尖"不商，说的是古代的米商做生意，除了将斗装满，还要再多舀上一些，让斗里的米冒尖儿，使顾客感觉米堆尖尖的，这样顾客才会经常光顾店铺。换到现在的销售场景之中也是一样的道理，顾客不是要买便宜货，而是要在购物的过程中体会占到便宜的感觉。客服在处理议价问题时，可以利用以下方法见招拆招。

1. 赞美法

每个人都希望得到别人的认可，所以当有顾客议价时，最简单的方法就是称赞顾客。当然称赞别人的时候，一定要有一个具体的点，否则一味地说漂亮话，会让顾客觉得不诚恳。

比如一位顾客在为妈妈选购鞋子时，客服可以称赞顾客的眼光好，也可以称赞顾客有孝心，同时利用前面讲到的情感账户，双管齐下，顾客就很难再继续议价了。比如顾客为孩子选购一件玩具，通常都是家长为孩子选购，这个时候客服同样可以称赞顾客有眼光，益智玩具可以锻炼孩子的动手能力，而且也可以称赞顾客的孩子聪明伶俐。对于此类夸奖，顾客基本上都是乐于听的。

通过赞美既拉近了客服和顾客的距离，也打消了顾客进一步议价的想法，毕竟大部分人听到赞美之词都会沉浸其中，哪还有空去计较那些优惠呢？

2. 拆分法

关于拆分法的议价技巧，大魏向小蓝分享了一个自己生活中的故事。有一天，一位朋友抱怨这个月又要有一大笔开销了，说家里冰箱制冷不行了，要换一台冰箱，一台冰箱大约三四千元，这笔钱对一个普通家庭而言确实算一笔不小的支出了。大魏问朋友"原来的冰箱用了多久"，朋友说差不多快十年了。大魏说一台普通冰箱的寿命大约是十年，那每年就是300多元，均摊到每天不过是1元钱而已，冰箱哪里贵呀。听大魏这样一说，朋友瞬间觉得冰箱没有那么贵了。

对于高客单价的商品，拆分法是非常适用的议价方法，均摊后让人感觉商品价格不会太贵。现在很多店铺都开通了花呗分期支付，其实也是一样的道理，几百、几千元的商品，分几期支付，每月几十元的支出，顾客从心理上就不会觉得很贵了。

3. 请示法

大多数店铺会设置不同门槛的优惠，但是客服还没和顾客沟通几句，就直接亮出底牌，如果顾客再次要求优惠，就会比较被动。所以在议价的过程中，即使店铺有优惠政策，客服也要根据顾客咨询商品的金额适当给予让利，如果顾客继续议价，这时候客服就可以请顾客稍等，说自己要向主管请示一下。

参考话术：亲亲，经过不懈努力，我们为您申请到了优惠的权益哦！不过这项权益是完全为您单独申请的，请您不要告诉别人或者在评论中提及哦！

这样的答复，一是表明客服态度，告知顾客自己真的尽力了；二是升级请示，让顾客有 VIP 的尊贵感，唯独他才有这样的优惠。在这样的情况下，大多数顾客就不会继续议价了，所以客服要留好手里的最后一张牌，关键时候可以利用请示法结束顾客的议价。

4. 关联法

顾客在议价的时候，是销售的最佳时机。顾客想要优惠，客服既不应该直接拒绝顾客，也不应该直接亮出底牌，而应该以退为进，主动进行关联推荐，促使顾客达到优惠的门槛。比如店铺有"满 200 元减 20 元"的活动，当顾客要求优惠时，客服就可以推荐几款价格较低的商品，帮顾客凑单，这样不仅顾客享受了优惠，客服也提升了客单价。

客服在做关联销售推荐商品时，要注意商品的属性相似、价格相当，这样顾客的接受程度会比较高。关联销售可以解决顾客很多潜在的需求，比如很多新手妈妈并不了解需要为新生儿准备哪些东西，而专业的客服会通过使用场景，帮顾客做商品搭配。

使用以上议价方法，有时候可能一招即可成功，有时候却需要客服打出漂亮的"组合拳"——将不同的议价方法组合使用，在"有条件让步"的原则下，让顾客有占便宜的感觉，但更重要的是，当顾客议价的时候，客服要学会和顾客谈商品价值。

3.3 场景即营销——提升销售的服务层次

午休的时候，大家坐在一起讨论昨天晚上在直播间买了什么，小蓝平时没有关注店铺的直播，很好奇地问薇薇："什么直播呀？"薇薇说："店铺的直播呀，现在很多店铺的客服都开始直播了，通过镜头向顾客介绍商品将更加直观，而且直播间商品的折扣力度大，优秀的主播们介绍商品总是很吸引人，让人忍不住下单购买。"

3.3.1 从性价比到归属感

《场景革命》一书中提及：很多时候，人们喜欢的不是产品本身，而是产品所处的场景，以及场景中自己的情感，这才是打动人心的场景、才是销售的关键。

在网络销售中顾客无法看见实物，购买时总会有很多顾虑，所以近几年衍生出直播服务，直播很好地弥补了网络销售的短板，主播在镜头前向顾客展示商品的细节，并且通过试穿、使用、现场制作试吃等各种场景来打动顾客，在关键时刻还给顾客一些限时限量的优惠。

现在，销售场景已经无处不在：当你看一个娱乐视频时，可能会弹出关联的商品；当你浏览一篇公众号的文章时，冷不丁地就会看到商品广告的软文；当你乘坐高铁、飞机的时候，座位后面也许有二维码广告。因为处在当时的场景中，大部分人便不自觉地被代入场景，觉得自己正好需要这款商品，于是便在一个场景中完成了一次交易。

客服在平时销售时，同样可以利用场景进行营销。好的文章会让人身临其境，同样，好的文字表达也能把顾客代入购物的场景中。

下面是一个家居类目的销售案例，客服的描述将顾客代入了场景中，如图 3-1 所示。

图 3-1

顾客：想买你们家的花凳，选什么尺寸合适？

客服：您看上的这款花凳有三种不同尺寸哦，请问您要摆放什么物品呢？

顾客：打算摆放一盆水仙花。

客服：水仙花的高度约多少厘米呢？

顾客：30厘米左右。

客服：您打算把花凳放在房屋的墙角，还是放在沙发或者其他家具旁边？

顾客：就放在客厅的沙发旁边。

客服：根据您摆放的位置和水仙花的高度，建议您选择小号的花凳。

顾客：这款花凳是实木的吗？价格有点儿贵。

客服：是，这款花凳选用的是进口的水曲柳，请问您生活的城市是哪里呢？

顾客：大连。

客服：大连是一个美丽的城市啊！在冬季，北方城市室内开暖气的时间比较长，室内干燥的环境容易使含水率不达标的实木的花凳开裂。我们这款水曲柳……

顾客：确实呢，以前没考虑到，谢谢提醒。

场景一：摆放物品的场景。在顾客咨询花凳的尺寸时，客服并没有直接给出尺寸，更没有让顾客自己看详情页，而是主动询问顾客花凳的使用场景、花凳上需要摆放的物品。试想一下，如果顾客回复摆放一盆吊兰，虽然都是绿植，但选择花凳的高度却是不一样的。吊兰的垂枝较长，选择高一些的花凳更加美观，而水仙花是向上生长的，选择低一些的花凳更好。

场景二：摆放位置的场景。客服进一步了解顾客摆放花凳的位置，其实这个时候顾客脑海里已经有了更加真实的场景：在自己平时坐的沙发旁边放一个花凳，花凳上摆放自己精心栽培的水仙花。如果换一个摆放场景，顾客要把花凳摆在入户的过道上，那就需要花凳的尺寸大一些，然后在花凳上摆放一盆花。

场景三：生活地域的场景。客服了解到顾客生活在北方城市，就结合北方的生活场景讲述商品的利益点，告诉顾客含水率如果不达标，冬季室内长时间的供暖会导致商品开裂等使用问题。而这些商品的专业问题如果直接告诉顾客，可能并不能引起顾客的兴趣，但是和熟悉的生活场景关联以后，顾客就会有更加切实的体会。这时候，大魏给小蓝出了一个测试：如果顾客是南方人，客服该怎么回复呢？小蓝举一反三，非常快速地回答："南方阴雨天多，可以向顾客强调含水率不合格的家具，会潮湿、长霉点。"

其实还有更多的场景可以应用，比如发一些其他买家展示的图片，让顾客通过图片更加直观地感受到花凳的品质，以及花凳的实际摆放效果；当然也可以和顾客聊聊养花之道，交流一下经验；还可以进一步了解顾客家中的装修风格，这都有助于顾客选择花凳的款式、材质和颜色。

只要客服想营造场景，就总会有合适的切入点，比如前面提到的花凳摆放的位置以及顾客生活的地域特点等。把商品代入场景中再向顾客推荐，比直接向顾客推荐更加有说服力。

我们要知道，其实顾客并没有过多关注商品，主要还是关注商品带来的解决方案，而场景营销将商品代入顾客的使用场景中，解决了顾客的需求，这正是顾客需要的，也是促使顾客下单的动力。

3.3.2　从千篇一律到定制服务

随着电商的发展，客服的服务流程越来越规范，加上智能客服的助力，很多店铺形成了标准的流程化服务。流程化服务的弊端，就是容易让客服的回答成为千篇一律的话术，顾客在购物的过程中总感觉客服有些答非所问，像一台没有感情的答录机。销售的本质，最终还是回归到商品和服务上，为顾客营造良好的服务体验，这是每个商家都应该关注的问题。

下面是一个关于母婴类目的案例，从表面上看客服的回答没有错误之处，但是缺乏服务的温度和层次，让顾客感觉都是千篇一律的答案。

顾客：这款枕头是什么材质的？

客服：亲亲，这款枕头的材质是太空记忆棉哦，开孔设计，不会闷热，透气效果很好呢，一年四季都可以使用，不仅有助于宝宝的睡眠和大脑发育，还可以预防宝宝偏头。

客服：现在宝宝多大呢？

顾客：15个月。

客服：15个月的宝宝可以用适合0～3岁幼儿用的枕头。

顾客：我再看看。

客服：亲亲，店铺现在正进行亲子节活动促销，价格很合算呢。

大魏让小蓝分析这个案例，看看是否可以优化回复，可是小蓝并不觉得有什么问题，顾客咨询商品的材质，客服快速应答，还主动进行客户调查。大魏提醒小蓝："现在人们的生活节奏很快，顾客会把介绍材质的大段话术一字不落看完吗？"小蓝不好意思地摇摇头。大魏又说："顾客问的是枕头的材质，直接告诉顾客是太空记忆棉即可，那些画蛇添足的说明反而增加了顾客的阅读理解难度。"

小蓝提出了疑问："前面我在学习FAB法则话术的时候，不是说要突出商品的卖点和顾客的利益点吗？"大魏说："是的，FAB法则在应用的时候并不是一定要以大段的话术来展现，而是可以灵活应用，根据顾客咨询的具体场景进行拆分，分层级告知顾客，让顾客有定制化服务的专属感。所以，可以按照下面的方法向顾客推荐商品。"

顾客：这款枕头是什么材质的？

客服：亲亲，这款枕头的材质是太空记忆棉。请问现在宝宝多大了？

顾客：15个月。

客服：正是活泼好动的时候，宝宝平时睡觉会偏头吗？

顾客：没有呢。

客服：那非常棒啊！宝宝睡得好，会促进大脑发育，更加聪明。现在天气有些闷热，这款枕头有开孔设计，透气效果好，宝宝睡觉不盗汗，睡得更安稳。

顾客：确实，宝宝的脖子总是出汗，真担心长痱子。

客服：在夏天，宝宝睡觉时出汗多，枕头透气很重要。这款枕头是专为0～3岁宝宝设计的。

顾客：好的，那有优惠吗？

客服：亲亲，店铺现在正进行亲子节活动促销，价格很合算呢。

之前案例中的客服用一条商品话术，就把商品的各种功能都介绍了，可是顾客却没有耐心看完；虽然客服强调这是宝宝专用枕头，但是对顾客来说吸引力不大。大魏通过分层级递进式的回复，突出商品的卖点和顾客的利益点：比如问宝宝的睡觉习惯，如果偏头那就正好选择纠正偏头的枕头，如果不偏头，可以称赞顾客有一个聪明的宝宝；继续提醒顾客"宝宝在夏天睡觉容易出汗"的问题，让顾客联想自己宝宝的情况，那这款枕头就可以很好地解决顾客的烦恼。每个环节都是有针对性的答复，顾客会感觉像是为自己的宝宝专门定制的一样。

不管是客服着力的场景描述，还是更有层次的服务，都在打造一种极致的服务体验。细节决定成败，正是客服的这些细致服务，才促使顾客下单购买。就服务行业来说，其实顾客的要求并不是很高，如果客服做到平均水平之上，通常都会给顾客留下深刻的印象。

3.4 顾客订单成交促成法——胆大心细、脸皮厚

小蓝看着自己的数据拖了团队后腿,有些不好意思,但还是忍不住问大魏:"师父,我的数据最低,到底是什么原因呢?"

大魏认真地回答:"我在后台查看了你的很多流失订单,你还没有养成追单和催付的工作习惯。"

小蓝委屈地说:"我都发了追单话术呀,顾客已读不回,我也没办法。"

大魏说:"那是因为你只是为了追单而追单,缺乏追单的技巧。"

在服务过程中,追单和催付是两个环节:**追单指的是顾客咨询了很多问题,最终却没有确认下单购买,这时候客服需要跟进追单;而催付指的是顾客拍下订单,却没有及时完成支付**,客服需要及时引导顾客完成付款。不管是追单还是催付,客服都需要掌握技巧,而不是简单地发快捷话术就能成功的。

3.4.1 锲而不舍地"追"

1. 追单的误区

大魏查看小蓝的流失订单，发现小蓝很少积极主动地追单，即使追单，也会犯一些新客服常犯的错误。

（1）追单时间。

顾客首次咨询商品的时候，前文强调过客服要注意响应的时间，这直接影响着顾客的购物体验和决策。追单更要讲究时机，要趁热打铁。顾客在咨询的时候，是购买欲望最强烈的时候，所以一旦聊天过程中断，客服需要第一时间进行追单，和顾客做二次沟通。

（2）追单频次。

客服在追单时如果只用追单的话术，不但追单成功的概率低，还会适得其反，引起顾客的反感，甚至发送消息过于频繁还有骚扰顾客的嫌疑。所以，客服在追单的过程中，要注意追单的频次，不能采用话术轰炸的策略。

（3）追单核心。

追单的考核主要依据下单成功率。有时候客服在服务的过程中，看似和顾客相谈甚欢，但总是缺一点儿引导，让顾客最终下单，这个引导是优惠吸引也好，是限时限量也罢，需要客服踢出那"临门一脚"，销售的最终结果，还是看是否成交。

高效追单，除了要避开追单的误区，还需要掌握追单的技巧，根据追单步骤进行追单。

2. 追单的步骤

（1）二次跟进。

追单的关键在于"追"，如果是有来有往的咨询回复，就不需要费力去追，只有顾客迟迟不下单时客服才需要去追。追是一个动词，需要客服有所行动，及时进行二次跟进。小蓝提出疑问：发出的消息顾客不回怎么办？大魏问小蓝是否记得以前教她的，当顾客不回复时应拿出客服口袋里的十个小白问题，只要顾客愿意回复消息，那就有销售的可能。

（2）分析问题。

客服在追单的时候，习惯用一些快捷话术来提醒顾客，往往收效甚微。顾客是为了自己的需求下单，客服在追单之前，要简单地查看之前的聊天记录，通过分析聊天内容找出顾客真正的顾虑点，只有解决了顾客的这些顾虑，才能进一步促使顾客下单。

顾客：我的烤箱型号是XX，烤盘选多大尺寸合适呢？

客服：亲，需要您测量一下烤箱内部的尺寸。

顾客：烤箱的容量是30L，你查查尺寸。

客服：亲，这是烤盘的尺寸参考表，您自己看一下。

顾客：太麻烦了，我也不知道怎么量。

大魏让小蓝分析这个流失订单，看客服的回复有什么问题。小蓝吞吞吐吐地说："顾客不告诉客服烤箱的尺寸，客服是没办法推荐合适的尺寸的。"大魏提醒小蓝："那客服有没有办法知道顾客烤箱的尺寸呢？"小蓝眼前一亮，说："可以根据顾客提供的烤箱品牌和容量，在网上进行搜索。"

好的购物体验就是省时省力。客服让顾客自己选择，看似避免了一些售后问题，但归根结底还是客服怕麻烦的表现。现在大部分顾客用手机进行购物，顾客多切换一次页面，可能客服就面临着多一次的订单流失。如果客服愿意解决顾客的需求，就不会造成订单的流失。案例中的客服不积极帮助顾客解决关于烤盘及烤箱尺寸的问题，也只能眼睁睁地看着订单流失。

（3）对症下药。

通过问题分析，客服能知道顾客真正的顾虑是什么，只有解决这些问题，客服才能让顾客顺利下单。

顾客：从图片来看，衣服看上去不错，款式也是我喜欢的。

顾客：我对衣服的要求比较高哦。

顾客：其他同款的、便宜的我都没看上。

顾客：感觉你家的衣服看上去比较有档次。

顾客：你家的衣服不是拼皮的吧。

客服桃子：亲，您的眼光真不错呢，这款衣服不是拼皮的。

顾客：拼皮的衣服看上去没档次，价格也便宜。

客服桃子：亲，请放心，我们家的衣服都是可以7天无理由退换的。

上述案例中，顾客反复强调"档次""拼皮"，客服桃子用售后保障追单，看似在打消顾客的顾虑，却没有真正解决顾客对于衣服的需求，所以顾客最终没有下单，好在客服栗子及时做了订单跟进。我们来看看客服栗子在回复时，满足了顾客的哪些需求。

客服栗子：亲，栗子看您咨询了一款皮衣，这款皮衣的领子是毛领，衣身是进口整皮的，手工制作，非常高贵奢华。

客服栗子：店铺特意向前50名购买的顾客每人赠送一条围巾，我这边帮您申请了一条。

顾客：那什么时候发货呢？

客服栗子：亲，为了不耽误您在新年穿上漂亮衣服，我们会尽快帮您安排发货。

顾客：好的，一定要注意检查好再发货哦。

客服栗子：亲，请放心，我帮您的订单备注"仔细检查"了。

客服栗子在追单的时候，强调了"进口整皮""手工制作""高贵奢华"。顾客反复强调不在乎衣服价格，而注重的是品质，所以客服栗子正面回复了顾客的问题，并且在引导顾客的时候，利用了额外加赠的方法，促使顾客尽快完成下单。

（4）拍的指令。

通过上面的案例，我们也可以看出，在追单的结尾客服有一个明显的指令动作——前 50 名，利用限量的优惠**制造紧迫感**，让顾客在犹豫的时候尽快做出下单的决定。除了优惠，还有库存、店铺发货时间等都可以作为拍的指令。

在上面的案例中，客服突出了"围巾""尽快发货"这些**额外的加赠**，这些加赠不管是所有顾客都能享受，还是真的限量，通过客服的强调，都会让顾客感觉是自己的专享，这样顾客才会尽快下单。

客服在追单的时候，说话的方式可以采用"**假定成交法**"，就是假定顾客已经做出了成交决定，客服主动调整沟通内容和方式从而影响顾客决定的一种方法。顾客决定购买后，他们的关注点就会转移到成交之后的细节上来，比如送货、安装、售后，引导顾客的关注点进入"购买后阶段"，并给顾客构建使用场景，从而使顾客坚定拥有商品的信心。

客服掌握了追单的步骤，剩下的就是坚定追单的信心，一两单可能不会成功，但是养成良好的追单习惯，总会追回一些顾客，从而提高"最终付款成功率"。小蓝赶紧举手表决心，说自己一定会努力追单，锲而不舍地"追"顾客。

3.4.2 及时灵活地"催"

大魏告诉小蓝，除了追单，催付也要跟上，催付是针对顾客已经拍下订单却没有完成付款的情形。顾客拍下订单，说明顾虑问题基本都解决了，但是最终没有完成付款，着实非常可惜（见图 3-2）。

图 3-2

1. 未付款原因

不完全数据显示，顾客下单后没有及时付款的订单占全部订单的两成左右，在店铺大促活动期间占比会更高，所以催付是客服服务流程不可缺少的一部分。

在顾客没有及时完成付款的原因中，因客服服务问题占比高达四成，顾客支付问题占比达三成，还有三成是顾客发现了价格更便宜的商品。所以，针对不同放弃付款的原因，客服需要对症下药，引导顾客完成最终的付款。

因客服服务问题导致订单流失，主要是因为在咨询过程中，顾客的顾虑尚未打消。比如顾客想指定物流，客服却直接回绝顾客"无法指定物流"，没有耐心给予顾客一个安心的答复。此时，客服应向顾客确认物流是否可以送达，如担心时效或者服务问题，店铺会进行跟踪处理，顾客最终的目的是安全收到包裹，所以即使顾客有些犹豫，客服也要积极说明进行安抚，这样会尽早打消顾客的顾虑。

支付问题原因在实际的流失订单中占比也不小，比如顾客忘记支付密码或者输入错误，导致无法完成支付。遇见此类问题，客服有时候怕麻烦，就会让顾客直接联系支付宝的客服找回密码，看似正确的处理方法，却是在不经意间把顾客往外推。如果客服直接引导顾客找回密码，然后让顾客完成支付，这样流失的概率也会降低。

现在商品的搜索展示多种多样，顾客在购物过程中，往往会发现价格更

107

便宜的同类商品，此时顾客可能就会到其他店铺购买，所以客服催付要及时。如果顾客提出其他店铺的同类商品更便宜，客服除应用前面介绍的议价技巧之外，还可以通过同价位质量更好、同品质售后更完善的保障来承诺，以此打消顾客的顾虑。毕竟一分价钱一分货，顾客在比价的时候，还是会综合考虑的。

2. 催付工具

（1）旺旺催付。催付最直接、最有效的方法，就是客服利用旺旺第一时间催付。

催付看似就是一句催付话术，其实催付的步骤和追单的步骤一样，客服不能盲目地发快捷话术，需要以顾客为重点，关注顾客的需求，解决顾客的疑虑，这样才能提高催付的成功率。

同时催付的话术也要有新意，这样能吸引顾客的注意力，也会让催付的成功概率高一些。以下提供一些催付的参考话术，大家可以根据不同的店铺类目及店铺的服务风格进行选择。

女装类目：亲亲，看到亲的订单了，小的一直在这儿候着，斗胆烦请小主赶快把宝贝收了吧！让奴婢早日交差，在此给您谢恩啦！

母婴类目：您真的不要我们了吗？赶紧来付款把我们带回家吧！不然我们又要回到一群怪叔叔的怀里了。

食品类目：嘤嘤嘤，撩过宝宝后亲亲就放弃了宝宝么，宝宝依然在原地等亲哦，亲亲12点前的订单下午发走哦，亲赶快把我领走吧~~

内衣类目：亲爱的，冒着被您吐一脸唾沫星子的风险，友善地提醒您尽快支付。此物性烈，不侍二主，唯您可用，待您品鉴。

（2）软件催付。软件催付能有效减轻客服的工作压力，而且覆盖面更广，包括店铺的静默订单都可以发催付信息。现在平台有很多第三方软件都可以设置自动催付，有免费的客户服务，也有收费的店小蜜等第三方软件。

（3）短信催付。很多顾客的手机直接将营销类的短信屏蔽了，所以短信催付一般在店铺活动大促的时候才会使用。为了提高触达率，吸引顾客点击短信，建议客服在短信开头使用顾客的姓名，大部分人对自己的名字都比较敏感，会忍不住点开查看信息内容。在编辑内容时，客服应注意内容要简洁明了。最后，客服要告知顾客店铺名称和顾客的付款链接，这样方便顾客直接点击支付。

（4）电话催付。对于高客单价或者定制类的商品，店铺催付也是正常的，但是客服在给顾客打电话的时候，应提前准备好要说的内容，一定要自报家门，简略地说明来意，沟通过程中尽量多用封闭式的问题，这样顾客可以快速应答，从而达到催付的目的。

3．催付反馈

有些店铺的催付信息没有催来顾客付款，却催来顾客取消订单，催付导致适得其反的结果，往往都是忽略了催付的细节。

（1）催付时间。第一次催付当然是越快越好，关于时间问题前面已多次强调，此处不再赘述。除此之外，客服还要注意多次催付的时间段，比如在午休或下班前，催付的成功概率远远高于上午上班时间，还要注意不要选择晚上休息的时间段催付，以免打扰顾客休息。

（2）催付频次。催付既不能一次就放弃，也不能一直给顾客发消息。建议客服掌握合适的频次，比如在顾客拍下后且店铺发货截止时间之前，以及在客服交班时，给出合理的催付理由，掌握催付的节奏，既提醒顾客完成付款，又避免引起顾客反感。

（3）催付反馈。店铺有多个客服服务，所以难免催付的环节会有重复，此时做好催付的备注反馈就非常重要了。比如催付过的订单，客服备注了"卡上余额不足，明天充值后支付"，这样下一个催付的客服就会根据备注询问顾客是否已完成充值，是否需要选择花呗等其他支付方式。

催付是服务流程不可或缺的一环，不仅在客服质检中体现出服务要求，很多店铺也会把客服最终付款成功率作为考核客服的指标之一，所以客服不仅要催，还要催出结果。

3.5 客服都是谈判专家——沟通能力的三级跳

今天小蓝处理一个售后问题，谁知道在处理过程中小蓝越解释，顾客越生气。顾客觉得小蓝总是找各种借口，差点儿给一个差评，大魏赶紧让小蓝转接了顾客，做了补救，最后以双倍补偿才让顾客打消了差评的念头。小蓝开始还觉得自己是冤枉的，是顾客太矫情了，可是听大魏分析完自己聊天中的不恰当之处，她才懂得沟通也是一门艺术。

网络销售缺少了形体、表情和声音的感染力，主要靠文字沟通，因此不会沟通的客服很容易让顾客给差评。有人认为会说话是情商高的表现，可是如果一项技能只能靠天分，那就只能看运气了。沟通是一种能力，是可以通过锻炼提升的。

3.5.1 倾听是一种力量

客服在服务的过程中,很多时候急于表达自己的想法,就像"王婆卖瓜,自卖自夸",而在售后服务中,就像极力推卸责任,这让顾客大为恼火。其实,客服只有好好"听",才能更好地说,只有听懂顾客的意思,才能回复顾客想听的答案。

大家可以做一个小测试,闭上双眼,一分钟静心地倾听,想想自己听见了什么。有的人听见了空调的声音,有的人听见了窗外路人的交谈声,甚至有人可以听见更远的声音。我们静下心来,就可以听见平时不曾注意的声音。因此,客服只有保持内心平静的状态,才能听到顾客更多的需求。

客服要学会积极倾听顾客的想法,顾客的目的是希望客服能**听懂他真正的意思**,其实顾客是在为自己的需求买单。比如,顾客说明了商品要买来送人,那客服就要懂得给人送礼的心情,东西要拿得出手,看上去大方得体,礼物的精美包装、实用性会是顾客更关注的。如果客服听不明白顾客的想法,反复强调商品的优惠力度,反而会让顾客失去购买的兴趣。

客服还要学会听懂**顾客的画外音**,比如顾客说"自己是店铺的老顾客",这句话真正的含义是有没有额外的优惠,**老顾客≈额外优惠**;如果顾客说"退货太麻烦了",那表达的含义往往是不想退货,而是希望店铺能给予一些补偿,**太麻烦≈补偿**,这个时候如果客服继续引导顾客退货,那真的是给顾客添堵。

同样的词语在**不同语境**下表达的意思不同,如果客服不能真正理解顾客要表达的意思,那只能导致彼此的误解。

一次在乘坐动车时,邻座的一位外国男士在学汉语,他手中拿着卡片,边读边练习笔画,只见他翻到一张写着"方便"二字的卡片,大魏忍不住偷乐一下,感觉这位外国男士遇到了一个中文难题,想到自己看过的一个关于"方便"的段子。

吃饭的时候，一人说去方便一下，外国人不解，旁人告诉他方便就是上厕所。此处"方便"一词指排泄大小便。

敬酒时，一人对这位外国人说"希望下次出国时，您能给予方便"，这位外国人纳闷却不敢问。此处"方便"一词是"使便利，给予便利"的意思。

酒席上，一位电视台美女主持人提出：在她方便的时候会给这位外国人安排专访。

外国人愕然："怎么能在你方便的时候呢？"

美女主持人说："那在你方便时，我请你吃饭。"此处"方便"一词是"适宜"的意思。

外国人仍不明白主持人的意思。

通过上面的例子，大家可以看出在不同语境下"方便"一词表达的意思大相径庭。在沟通过程中，顾客在不同语境下表达出来的意思，加了不同的标点符号或表情，意思千差万别。如果在不同语境下，客服简单地按照字面意思去理解，很容易和顾客不在一个频道上。有时客服一见到顾客，心里只装着自己的商品，只想着销售的业绩，恨不得顾客马上就下单，从未站在顾客的角度思考过，从未认真倾听过顾客的需求。所以，只有先学会听，我们才能更好地说。

3.5.2 提问是一种能力

想要达到高效沟通，除了学会倾听，客服还需要提高提问的能力。信息的确认，需求的了解，包括一些意见的反馈，都需要客服通过提问的方式来完成。

1．提问的目的

（1）理解顾客的想法。每个人因为认知不同，理解也会有所不同，客服通过倾听可以了解顾客的一些需求，但是确认这些信息是否准确，还需要通过提问进一步确认。最简单的方式就是重复一遍顾客的问题,比如"您刚才说更喜欢黑色,是吗"这样不仅让顾客感受到客服关注了自己的喜好,客服还可以再次确认信息。

(2)**激发顾客的兴趣**。如果顾客对一件商品感兴趣,就会急于表达更多想法,客服要学会利用顾客的情绪,将其转化为销售助力。比如在顾客咨询保健品时,客服就可以问一些基本健康情况,如是否失眠、脱发,这样的问题一抛出,顾客就会告诉客服自己的困惑,并且希望尽快解决问题,此时客服再讲述产品的功效会更有针对性。

(3)**同顾客建立信任关系**。顾客在购物的时候,总会有一些防御心理,在客服的讲述无法使对方产生信任时,通过提问和回答这样的互动方式,更有利于建立彼此之间的信任关系。比如在顾客咨询宠物食品时,客服应主动询问宠物的品种,当顾客告知后,客服再称赞顾客的宠物可爱,顾客听别人夸奖自己的宠物,自然是很开心的,觉得客服有眼光,和自己喜欢同一品种的宠物。

2. 提问的方式

(1)**开放式提问**。客服没有预设立场,顾客根据自己的想法自由回答,这种提问方式的优点是容易了解更多的客户信息,但弊端是很容易冷场,顾客可能没有回复的兴趣。所以,客服在多数的时候,还是会利用封闭式的提问方式引导顾客关注核心问题。

(2)**封闭式提问**。客服提前预设了立场,顾客只需回答"是"或者"不是",问题简单,顾客的回复意愿度会高一些,但是弊端就是因为客服预设了立场,可能没办法得到更多额外的信息,这种提问的方式更适合用在确认信息和引导顾客时。

开放式:您喜欢什么款式的内衣? 封闭式:是蕾丝的还是无痕的?

开放式:您喜欢什么颜色呢? 封闭式:是浅色的还是深色的?

假定成交法则就是典型的封闭式提问方法,让顾客从易到难,一步步说

"是",最终引导顾客完成下单。因为人的惯性思维,当我们连续回答3个以上"是"时,对于接下来的问题,基本都会给予肯定的答复。

3. 提问的技巧

提问有利于客服和顾客建立信任,有利于客服了解顾客需求,可是一旦问不好,就很容易变成质问顾客,引起顾客反感。所以,在提问的时候,客服还要注意提问的技巧。

(1)软化提问。比如小蓝差点儿被顾客给差评,她对顾客说:"我也道歉了,您还想怎么样?"她使用这种质问的语气,也难怪顾客会生气。如果换一种表达方式,比如"真的很抱歉,您这边还有什么问题?我们一起商量解决",这样也不会让顾客感觉自己好像不讲理一样,有什么问题也愿意继续沟通,而不是通过给差评来解决问题。

还有在售前推荐的时候,客服会直接问顾客"您需要哪款电热水壶",如果客服换成"您想了解哪款电热水壶",用"想"替换"需要",这样简单的一个词语替换,可以软化我们的提问。因为前一种提问中的"需要"是动词,顾客感觉自己不买好像不太好,而第二种提问中的"想"还是意识层面,不买也可以,不买了解一下也是没问题的,这样顾客在咨询的时候就会更轻松一些。

(2)问答+赞。在定制服务的章节中,我们提到过客服可以使用"问答+赞"的方法提升服务的层次,让顾客有定制化服务的感觉,其实"问答+赞"的方法,在销售沟通的环节中可以灵活应用。

客服:您好,请问您要为谁买乐高?

顾客:给我儿子买。

客服:亲,您眼光真好,我们这个限量款的乐高很多小朋友喜欢呢!请问您的儿子几岁了?

顾客:10岁啦。

客服:您看的这款适合16岁以上的孩子。

顾客：我儿子从小喜欢拼乐高，拼得很快呢。

客服：那真是太棒了，看来您儿子非常聪明啊！

在问答之间穿插着赞美，这才是聊天沟通中的"润滑剂"。对于顾客的赞美，下文还会有更详细的说明，赞美一定是根据实际的服务场景，发自内心的称赞。

在顾客咨询的时候，建议客服提一些积极正面的问题，不要提一些令人尴尬或使气氛沉闷的问题；选择提问一些简单易回答的问题，不要提一些大而广的问题，比如别人问："怎么才能赚到钱？"那我们只能回答："努力工作。"但是如果别人问："怎么在销售的时候做好提问？"那本节内容就可以回答这个问题了。客服提出关键问题，既能深挖顾客需求，又能聚焦问题，这样双方沟通才会达成认知的一致。

3.5.3 表达是一门艺术

如果提问是一种能力，那表达就是一门艺术了。很多时候，客服以为自己说了，顾客就能明白，但实际上顾客压根儿没明白，**客服说了≠顾客理解了**。顾客不明白还算好的，有时候造成误会，还会引起不必要的投诉。

忌：答非所问。不正面回答顾客的问题，绕弯子；不理解顾客的真正需求，随意回复。

通过对聊天记录的质检，特别是对流失订单的分析，我们会发现很多问题属于客服的回复似是而非。

顾客：我身高160厘米，体重55千克，选择哪个尺码合适？

客服：XX到XX穿S码，XX到XX穿M码，XX到XX穿L码。

这种答非所问的回复，常常让顾客误以为是机器人客服在回复，看似回复了详细的快捷短语，反而容易导致顾客流失。

宜：有针对性。客服在回复的时候，要更有针对性。案例中的顾客只关心自己应选择哪个尺码，客服可以有针对性地回复"根据您提供的身高、体重，选择 M 码比较合适"。

忌：**一问一答**。顾客问一，客服只答一，绝对不会答二，顾客不问，客服也就选择沉默，这样的状态就是典型的一问一答。

通过查看绩效软件里的答问比数据可以发现，凡是答问比低于 120% 的店铺，其客服基本都是一问一答的状态。

有些客服就会产生疑问：这有什么问题呢？顾客问的问题都回复了呀！

顾客咨询了商品问题，但还是心存疑虑，迟迟没下单。客服回答完上一个问题，就静静地等待顾客再次提问。顾客却想：感觉有点儿不明白，再问客服估计会嫌麻烦，既然客服没再说什么，估计也觉得做不做这单无所谓，还是再看看别家吧。一问一答，顾客最直接的感受就是客服服务态度不热情。

宜：积极热情，一问二答或三答，是基本的回复要求。第一句话是直接回复顾客的咨询，第二句话可以是相应问题的补充说明，也可以是提问，做进一步的引导，继续下面的话题。

忌：**直接拒绝**。每个人都不喜欢被人拒绝，在销售的过程中，客服也许不能满足顾客的需求，但是直接拒绝是非常不礼貌的一种表现，一句话就把顾客直接打发走了。

遇见类似的情况，客服完全可以换一种说法，先认可顾客的需求，再说明具体的原因，这样更容易被顾客接受。

宜：**同理心**。不管顾客在购物时有什么样的需求，在否定顾客之前，客服都要先认同顾客，要表达理解对方的感受和心情。当顾客觉得自己的需求被重视时，他会更容易接受客服的其他意见。而一味地否定只会让顾客有逆反心理，坚持自己的要求，最终导致双方不欢而散。

忌：**滥用话术**。在对顾客的服务过程中，同一句快捷话术频繁使用，这被称之为滥用话术。

客服在与顾客的聊天过程中，同一句快捷话术重复使用超过两次，会被直接扣质检分。

顾客：店铺有优惠吗？

客服：亲，店铺的商品都已是最低价格，不议价的。

顾客：那可以包邮吗？

客服：亲，店铺的商品都已是最低价格，不议价的。

顾客：那有什么赠品？

客服：亲，店铺的商品都已是最低价格，不议价的。

上面这样的场景是不是有点儿似曾相识？在类似的服务场景中，以及售后的物流查询中，顾客经常遇见客服频繁地发送这种消息，再问还是重复这句话。

宜：**分场景合理应用话术**，快捷话术是一把"双刃剑"，用好了可以有效提升客服的回复效率，但是滥用往往适得其反。通常在一些高频问题中，比如物流发票这些问题，可以使用快捷话术回复顾客，而对于顾客的商品咨询、议价请求，就需要人工客服深入了解顾客需求，有针对性地回复问题。

忌：**滥用网络语言**。现在各种网络用语已成为年轻人的口头禅，但是口头禅不适合在服务场景中出现，因为你不知道顾客是否接受这样的说话风格，一旦使用不当会让顾客感觉客服非常不尊重人。

遇见类似的场景，客服首先要了解顾客的说话风格。如果顾客性格活泼，语言中也夹带很多网络语言，那客服适当用一些网络语言可以拉近彼此的距离，促成交易；如果顾客说话非常严谨，那客服说话同样需要谨慎一些。

宜：**礼貌用语。客服服务时使用礼貌用语是基本要求。**

客服不会说话归根结底还是缺乏服务意识，虽然身在服务岗位，却没有强烈的服务意识。服务无小事，任何一个细节都可能导致顾客的流失，想要提高转化率，客服就要从好好说话开始。

3.6 人人内心都渴望得到认同——赞美顾客赢得好感

这个月的销售冠军还是薇薇,小蓝非常郁闷,找到大魏说:"我已经很努力了,可感觉永远追不上薇薇,她到底有什么独门秘籍呀?"

大魏说:"别着急,我找一些薇薇的聊天记录给你看看,你找找这些聊天记录有什么相似之处吗?"

小蓝有点儿不屑地说:"薇薇不就是喜欢拍顾客的马屁嘛。"

大魏严肃地说:"这不是拍马屁,而是真诚地赞美顾客,通过赞美顾客,拉近与顾客的距离!"

客服在和顾客沟通过程中,往往都是被动回复,一旦顾客不再提出问题,客服就不知道该说什么了。不会主动与顾客沟通的客服,其转化率也不会高。我们一起来看看薇薇是如何通过赞美顾客提升业绩的。

3.6.1 赞美要发自内心

从心理层面来讲，每个人都期待自己被认同，当客服表达对顾客的赞美时，顾客会感觉到被认可、被重视。赞美是需要发自内心的，通过语言来表达友好的意思，而不是一味地献媚，否则那样的赞美会让人觉得太夸张了，也很难真正打动顾客。

比如下面的案例，顾客为孩子选购礼物，客服一开始赞美顾客的眼光，之后赞美顾客的孩子聪明，这些发自内心的赞美既能让顾客感受到真诚，又能促进订单的成交。

客服：亲，欢迎光临 XX 旗舰店，很高兴为您服务。

顾客：我想买这款哈利·波特的乐高。

客服：您是买给自己的孩子，还是要送人呢？

顾客：买给我儿子，送他的生日礼物。

客服：您的孩子几岁了？

顾客：他今年 10 岁了。

客服：亲，您的眼光真不错，孩子收到这个生日礼物一定会很开心的。这款比较适合 16 岁以上的孩子，难度比较大哦。

顾客：我家儿子从小喜欢玩乐高。

客服：那真棒，玩乐高的孩子，动手动脑能力都很强。

顾客：是的，拼得比他爸爸还快呢。

客服：您的儿子一定非常聪明，他可以尝试挑战一下这款高难度的。

顾客：可以，有什么优惠吗？

客服：亲，这款乐高是正品，全国统一价，不过孩子生日，这边额外帮您申请了一份赠品。

顾客：好的，谢谢！

客服：孩子什么时候过生日呢？

顾客：这个周末。

客服：那时间很快就到了，您下好单，我们会帮您优先安排发货的。

顾客：好的。

赞美需要真诚，如果随口应答，反而会适得其反。比如在顾客咨询女装类目时，如果顾客说自己选择了 XXL 码，客服还称赞顾客身材真好，这在顾客听来不是赞美而是嘲讽，其实这时候客服可以强调衣服的剪裁显瘦、布料有质感，更能打动顾客。

3.6.2 赞美要有针对性

网络销售毕竟不是面对面交易，很多客服会和小蓝一样，不知道该从哪方面赞美顾客，直接赞美顾客有点儿突兀，但太夸张的赞美又很容易让人反感，所以赞美要有针对性。通过以下这些切入点赞美顾客，会更加没有违和感。

1. 赞美顾客的 ID

如果用心观察顾客的 ID，我们就会发现很多有趣的东西。比如，很多"90后"顾客的 ID 都比较张扬、有个性，从中可以看出他们的喜好，而一般"80后"顾客的 ID 就比较普通，喜欢名字拼音+198X。有的顾客喜爱文艺，名字会起得比较有诗意，如"思华年"；有的顾客喜欢明星，会起和自己喜欢的演员或歌手等相关的名字，如"时间煮雨"；而有的顾客性格外向，就会起一些无厘头，甚至搞笑的名字，如"总有刁民想害朕"。客服可以通过顾客的 ID 来赞美顾客。比如"亲的名字起得好文艺呀，真好听"，这样的赞美之词既不会显得非常刻意，又会让顾客愿意和客服继续聊下去。

2．赞美顾客的头像

顾客的头像是自拍照还是明星照，或是卡通照，都是可以看出来的。对于头像是自拍照的顾客，客服当然是直接赞美顾客漂亮、有气质等。对于头像是明星照的顾客，客服就可以夸赞他喜欢的明星，一些追星女孩对于别人称赞自己的偶像，比称赞自己还要开心。当然，也有顾客爱用小猫、小狗等小动物的照片做头像，客服也可以夸赞动物可爱，问顾客是不是自己养的宠物，即使不是顾客自己的宠物，客服也可以表达"真想拥有一只这样的小宠物"的心愿，那基本是和顾客一拍即合的。手机淘宝现在是一个综合的场景，特别是一些新顾客都会精心挑选一张图片作为头像。精心挑选的图片被人注意到了，并且给予了赞美，那是对自己眼光的一种认可，或者说彼此是属于一个圈子里的人。

3．赞美客户所在地

顾客在注册时会填写自己的所在地，有的人填写自己的居住地，有的人填写自己的工作地。是哪里都不重要，重要的是客服对于这个地区的赞美，客服可以赞美人文，也可以赞美风景，还可以赞美美食。对于愿意和自己讨论属地风土人情的客服，顾客自然愿意多聊两句，也很容易和客服产生亲近感。有了感情基础，销售工作就会事半功倍。

4．赞美顾客看中的商品

这个赞美适合大多数类目的客服使用，"您的眼光真好，这款是我们家最热销的商品，很多老顾客都会回购呢"，当顾客向客服咨询某款商品时，对于这样的赞美之词，顾客都不会觉得有问题，因为谁也不会主动承认自己眼光不行。每个人的审美不一样，关键是难得心头好，顾客喜欢的自然也就是最好的。客服赞美顾客的眼光好，彼此很多的想法也会不谋而合。大多数人都有这样的经历，当看上一件商品时，那一瞬间眼里基本都是商品的优点，而当别人认同自己的看法时，就会赶快下单。

客服：亲，您真是眼光独到呀，这款绿色的连衣裙很漂亮，特别适合在春天穿。

顾客：有色差吗？

客服：亲，因为显示器不同，颜色略微有些差别，图片已经很接近实物了，裙子的颜色是清新的抹茶绿。

顾客：好的，我很喜欢图片中裙子的颜色。

客服：您真的很会选，今年绿色系是主打色调，非常流行。

客服：您还可以看一下模特身上搭配的棉麻料子的西装，早晚天凉，搭一件外套，好看又保暖。

顾客：看上去是不错，西装多少钱？

客服：亲，店铺现在有"满300元减50元"的活动，两件衣服一起购买正好可以优惠50元，非常合算呢。

顾客：把链接发我看看吧。

以上四种赞美场景，多数类目都可以使用。客服通过赞美可以拉近和顾客的距离，而且通过提问的方式可以引出上述四种场景，并进行追单的二次场景连接。

大魏让小蓝再好好想想，从真心赞美开始，改变和顾客聊天的方式，这样才更容易打动顾客。

3.7 看破不说破——分析四种顾客特性

大魏看见小蓝有点儿垂头丧气，就凑上去问道："怎么了？"小蓝说："刚才有一个顾客嫌我说话太啰唆，可是我平时也是这样介绍商品的呀。"

大魏安慰小蓝："没关系的，有些顾客性子是比较急，喜欢直截了当。每个人都有自己的个性，顾客也一样，同样一句话，有的顾客觉得仔细周到，有的顾客可能就觉得客服啰唆；同样一个表情，有的顾客觉得无厘头，有的顾客却觉得客服很有趣。所以，不管是追单还是议价，哪怕是赞美顾客，客服都不能忽略顾客的个性特征。"

3.7.1 表现型的孔雀顾客

1. 性格特点

首先，顾客特别热情。不清楚的还以为顾客是卖家，主动和商家大聊特聊，不光聊产品，还会聊各种话题。买一件衣服能从服装聊到天气，从天气聊到美食，再从美食聊到减肥。最具有代表性的孔雀顾客是在销售母婴类目商品时遇见的新手妈妈,她们能把孩子的日常生活全部分享给你。

其次,顾客乐于分享。购物之后晒朋友圈、买家秀,分享到各个平台,店铺如果有一些类似的会员活动,总会积极参加,如果有买家交流群,也会积极发言,热心给大家提出意见。

最后,顾客爱听赞美。虽然人人都爱听赞美的话,但是其他性格的顾客对于称赞会保持一定的冷静,面对客套话不太会被打动,但是孔雀顾客更加喜欢客服的赞美,客服也很容易提高客单价,并且将其变成老顾客。

了解了孔雀顾客的性格特点,大家是不是觉得遇见这样好说话的热情顾客太好了。如果这样想,就把问题想得太简单啦,任何事情都是有利有弊的。

2. 服务要点

首先,客服需要掌握好接待时间,许多顾客面对的是一个店铺客服,但是客服不是只服务几个顾客,所以要掌握好接待时间,在合适时机结束谈话。

其次,因为孔雀顾客容易冲动消费,销售中虽然客服提高了客单价,但是容易引起顾客退换货,这时候如果服务不到位,很容易让孔雀顾客进行负面消息的宣传。

最后,孔雀顾客多数会打感情牌,先把商品夸一通,再和客服议价,让客服不好意思直接拒绝。比如"你们家衣服真好看,我特别喜欢你们家的衣服,但是……",这时候客服可以转移顾客对价格的注意力,多赞美孔雀顾客,让他精神上高度满足,而忽略一些价格上的需求。之前我们就提到顾客的性格是多样的,那客服应如何及时转换角色适应这种类型的顾客呢?

3. 客服角色

如果给孔雀顾客确定一个核心词,那就是表现,爱表现的人需要有舞台、有掌声,客服就是最热情的观众、粉丝,需要不断地给予热情的赞美。对于孔雀顾客晒出的商品,如果客服能表现出羡慕,那会大大增强他的表现欲。

要给孔雀顾客一定的时间和耐心,当和他能够像朋友一样聊天时,那样会增加顾客对客服的信任度和好感。在双方交流的时候,客服可以适当用轻松幽默的语言,建议不要用太官方的语言或快捷话术,因为那样会得不到孔雀顾客的积极响应,他会转身找别家的。

可以让出一些小恩小惠,只要顾客对商品满意,客服的那些赠品和优惠都会换来意想不到的传播、分享和热情的反馈,顾客会大力推荐给朋友,让朋友都选购这款商品。与孔雀顾客一直保持良好的关系,他会成为店铺免费的代言人。

案例1

客服:亲,这款衣服您需要什么尺码?

顾客:尺码没问题,我身材很标准,S码就可以。

客服:这款衣服S码有货,那您喜欢什么颜色呢?

顾客:颜色还没想好,你说我穿哪个颜色更好看呢?

客服:亲,这款衣服杏色销量比较高,也非常适合您的肤色。

顾客:我的皮肤比较白。

客服:皮肤白,穿什么颜色都好看。

案例2

顾客:我平时也穿L码,模特有多高?我穿L码应该不会短吧?

客服:不会的,您的身材很标准,您的身高和我们模特差不多,穿上后一定好看。

顾客:嗯,那就好,我还挺喜欢穿长裙的。

客服:看得出来哦。

顾客:平时喜欢黑色或白色的衣服,无意间发现你们家这款衣服,很喜欢。

客服:亲,您真有眼光,这款连衣裙是我们家的热销款,库存也很紧张呢。这款高档真丝连衣裙,您穿一定非常漂亮。

顾客：我再看看详细说明，给我留一件，马上拍，满意会回购的。

客服：好的。

顾客：这款连衣裙搭配什么颜色的鞋子合适呢？

客服：搭配黑色的和白色的鞋子都行，如果特别一点儿，搭配亮色系的鞋子也可以。

顾客：好的，正好我有一双白色的皮鞋，我看模特也是搭配白色的鞋。

客服：是的，同色系搭配，非常协调。

顾客：好的，我去拍了，早点发货。

客服：放心吧，这边帮您备注"优先发货"。

案例1中的客服接待流程比较平淡，并没有给予孔雀顾客太多热情的回应，顾客说自己身材好、皮肤白，客服都没有给出积极的回应，导致顾客没有再继续聊下去。

案例2中的客服摸准了孔雀顾客的个性特点，赞美顾客的身材好、眼光好，还和顾客聊衣服以外的搭配心得，愿意花时间陪顾客聊产品以外的事情。

可以看出，同样是接待顾客，第一个客服虽然没有回复错误，但缺少了热情。什么是差异化的服务？在面对不同性格的顾客时，客服的服务角色有所转换，这就是一种差异化的服务。

3.7.2 纠结型的考拉顾客

1. 性格特点

首先，亲切礼貌。相较于其他类型的顾客，纠结型的考拉顾客非常有礼貌，经常会对客服说"麻烦了""谢谢你"，因为考拉顾客非常纠结，一会儿这个主意，一会儿那个主意，他们有时候也感觉自己变来变去不好，所以说话态度很友好。

其次，因为考拉顾客自己很难快速下决心，所以经常会征求客服的意见，比如"你觉得哪个颜色好看呢",自己花钱买东西肯定是买自己喜欢的,可是这种类型的顾客却希望别人来告诉自己哪个更好。

讲到这里,大家可能想:顾客要都是考拉顾客就好了,又有礼貌又参考客服的意见,这多容易成交呀!可是别忘记这种类型顾客的形容词就是纠结,顾客很可能纠结半天,却放弃下单了,客服回复了一大堆问题,最后却没有收获,所以在接待考拉顾客时,要注意以下服务要点。

2. 服务要点

首先,和孔雀顾客一样,接待考拉顾客,客服也要注意把控时间。考拉顾客并非有时间闲聊,而是太纠结,主意变来变去耗费时间,所以在关键时刻,客服要帮考拉顾客做决定,"短平快"下单,否则时间拖久了,可能就不了了之了。

其次,考拉顾客和孔雀顾客正好相反,比较缺乏自信,总是担心这个不合适,那个不喜欢。客服在服务的过程中,需要多鼓励顾客,给予顾客积极正面的肯定,为顾客树立购物的信心,哪怕顾客反复选择,也不要流露出不耐烦的情绪。

最后,如果考拉顾客无法当时决定,客服要做好客户管理,添加顾客为好友或者引导顾客收藏,这样方便后期持续跟进,纠结十天半个月再下单的顾客也不是少数。

3. 客服角色

如果给考拉顾客确定一个核心词,就是温和,可是性格太温和,又很难做出关键决策,所以客服在这时候更适合做一个知心大姐姐,赢得顾客的信任,让顾客愿意说出自己的想法,并且积极帮顾客出谋划策。

除了不断地给予顾客肯定,积极引导顾客下单,关键时刻客服还要帮助顾客做选择,要有自己的逻辑,引导过程有条不紊,不要随着顾客想法的改变而改变,面对考拉顾客切记不能推荐过多的商品。

案例1

顾客：这件衣服是黄色的好看，还是红色的好看？

客服：两种颜色都好看。

顾客：皮肤暗黄是不是不适合穿这两种颜色呢？

客服：颜色按照您自己的喜好选择就可以。

顾客：好的。

案例2

顾客：我想给妈妈买这件衣服，不知道选多大尺码。

客服：阿姨的身高、体重是多少？

顾客：身高162厘米，体重65千克。

客服：一般妈妈们都喜欢穿得宽松点儿，建议选择 XL 尺码，如果喜欢修身款，那 L 尺码也可以。

顾客：XL 尺码会不会大了？

客服：不会，我同事的身材和阿姨的差不多，试穿效果很好。

顾客：好的。

案例 1 中的客服基本无视顾客对于颜色的纠结，只是让顾客自己选择，最终顾客放弃购买。客服可以说两种颜色都好看，但是要突出说明哪里好看，比如顾客担心黄色不适合自己的肤色，那可以告诉顾客，这件衣服的颜色不是姜黄色，而是比较嫩的黄色，穿上后显得肤色白。同样地，如果顾客倾向于红色，可以告诉顾客在节日穿红色衣服很喜庆。

案例 2 中的客服通过中老年人喜欢穿宽松衣服的习惯和模特的试穿效果，让顾客不再为选择尺码纠结，使订单顺利成交。

上面两个案例中的顾客其实不算非常纠结的顾客，只是选择时征求了客服的意见，所以客服根据自己的专业知识帮顾客快速做决定，让顾客完成下单即可。

3.7.3 分析型的猫头鹰顾客

1．性格特点

首先，分析型的猫头鹰顾客比较严谨，可以称得上"半个商品专家"，经常货比三家，然后提出各种质疑，可是他们为什么还会选择来自家店铺购买呢？这就值得客服好好思考了。

其次，猫头鹰顾客的风险意识非常强，下单之前，会把评价里各种负面的信息看一遍，再找客服确认，就算这样还是不放心，他们往往会核实服务保障、是否有运费险之类的售后问题。

最后，猫头鹰顾客非常爱提意见，很多意见看似专业，但其实比较片面。客服只需要虚心接受即可，毕竟愿意提意见的顾客比一声不吭直接给差评且拒绝沟通的顾客要好一些。

2．服务要点

服务猫头鹰顾客，面对顾客提出的质疑，客服要正面答复，可以通过一些数据对比给顾客提供专业的解答，打消顾客的购物疑虑。应对顾客的风险意识，客服要主动承诺店铺的售后保障，解决顾客的后顾之忧。

对于顾客提出的意见，客服要表示感谢顾客，也可以适当称赞顾客的专业知识，比如"亲，您真是行家呀，说得太对了"，哪怕顾客有时候说的不完全对，也不要针锋相对地纠正顾客。

3．客服角色

如果给猫头鹰顾客确定一个核心词，就是分析。猫头鹰顾客在说话沟通时很严谨，甚至有些吹毛求疵，作为顾客肯定是不太讨喜的。但是，客服可以转换角色，想着这类顾客就是合伙人。面对严谨的合伙人，客服在关键时刻需要拿出有理有据的数据说服对方，并且提供专业的知识、完善的售后保障，赢得顾客的信任，打消顾客的各种顾虑。

顾客：这是正品吗？质量有保障吗？

客服：亲，我们店铺的商品都是厂家直销，保障正品，放心购买哦。

顾客：好的。我看评价里说价格比别家店铺的贵，你们家店铺的这款舞鞋黑色卖得好，那金色再给便宜点吧。

客服：亲，两种颜色是同样的品质，黑色的比较好搭配衣服，所以顾客选择多一些。这个是热销款，就是薄利多销赚口碑的，顾客的评价也都是很好的。

顾客：是不是要选小一码呢？

客服：亲，您真的很专业，舞鞋比平时穿的鞋子大一码，所以尺码选小一码更合适。

顾客：我女儿学跳舞好多年了，买过不少舞鞋。

客服：那这款专业的舞鞋您一定会满意的。

顾客：这款金色的是什么材质？穿上舒服吗？

客服：金色舞鞋的鞋面是 PU 皮，容易打理，而鞋底是皮绒材质，专业的拉丁舞鞋材质，穿上非常柔软舒适。

顾客：那给我检查好，不要有质量问题，上次在别人家买的质量不行。

客服：您放心，仓库有专门的质检人员把关品质，仔细检查后给您发货。

从价格到品质，顾客不断提出质疑，但是客服通过对顾客口碑的数据展示、商品材质的专业讲解，一一回复顾客，并且在恰当的时候给予顾客一些称赞。虽然猫头鹰顾客不像孔雀顾客那样，表达一句对商品的偏好，但是这么挑剔的顾客反复咨询客服，已经是对商品的一种认可了。

3.7.4 支配型的老虎顾客

1．性格特点

首先，语言强势，简明扼要，不容置疑。老虎顾客比较以自我为中心，大部分是支配型的领导人才，不太喜欢别人怀疑他的选择和判断，不会和孔雀顾客一样打感情牌，说话口气通常是命令式的。

其次，沟通高效。老虎顾客购物时间和孔雀顾客形成鲜明的对比，他们购物有明确的目标，问题也是简单明了，关键的核心问题确认后，一般会直接下单，不会和客服拖拉很长时间。

最后，关注品质。相比孔雀顾客的购物习惯，老虎顾客更爱面子，相比商品的价格他们更关注商品的品质，不是客服给一些小恩小惠就能解决的，打动老虎顾客的核心是顾客自己对商品的购买需求。

2．服务要点

了解了老虎顾客的特点，大家是不是感觉"老虎屁股摸不得"，这样的顾客不好应付。其实完全不用担心，只要客服掌握了顾客的性格特点，沟通时用这种顾客习惯的模式，即可事半功倍。

首先，针对老虎顾客的特点，客服要注意的是服务态度。老虎顾客说话有时候会咄咄逼人，提出要求的时候不是商量的口吻，而是命令式语气。客服在这时无须强硬回应，这样性格特点的顾客并不是在买东西时才这样，在大多数场合他们都会流露出绝对的强势，客服不用感觉自己受了委屈而影响服务质量。

其次，老虎顾客非常珍惜时间。在沟通的时候客服要直奔主题，不需要聊太多无关的问题，更不要在还没确认当前咨询的商品时急于推销其他商品，因为他们的个人主见很强，对于别人的建议不一定接受，反而觉得客服没有重视他的问题，在浪费他的时间。

最后，老虎顾客非常关注商品的品质。在商品咨询的过程中，如果客服无法从专业角度来说明商品的优势，回答问题用快捷话术或者模棱两可，会让老虎顾客对商品产生疑虑，最后放弃购买。惹毛老虎顾客的后果往往是他大发脾气，甚至上纲上线，对客服批评教育一番。遇见老虎顾客，客服该如何转变自己的角色，以更好地应对看似凶猛的"老虎"呢？

3．客服角色

如果给老虎顾客确定一个核心词，就是支配，作为领导就要有下属，有服从命令听指挥的人。作为客服，你就是谦卑的下属，需要适当地给予老虎顾客肯定和赞同。这种赞同不同于对孔雀顾客的赞美，赞美可以用词夸张点儿，但是和老虎顾客沟通，太夸张的表达方式是忌讳，会有拍马屁的嫌疑。

在沟通的过程中，客服要有针对性地回答问题，问题要清晰明了。服务流程结束，客服就可以向顾客友好告别，让自己成为一个干练的下属，没有哪个下属汇报完工作还赖在领导办公室拉家常的。在与老虎顾客沟通时，客服可以让他们占主导地位，回答问题只陈述事实，判断交给顾客，他们更喜欢主动，客服只要做好配合就好，让他们的权威性得到极大肯定。

面对老虎顾客，只有服务与沟通还是不够的，领导最关注的是下属的能力，老虎顾客也最关注客服的专业能力。在商品的介绍方面，客服应能从商品的周边、顾客需求的各方面给老虎顾客一个满意答复。一个得力的下属才是最受领导信任的。如果对孔雀顾客适宜打感情牌，那对老虎顾客一定要打专业这张牌，这样才能取得更佳的销售效果。

顾客：发什么快递？

客服：亲，发到哪里？店铺默认发申通快递。

顾客：那就发申通吧。

客服：好的。

顾客：现在拍，今天就给我发货。

客服：可以，我们会第一时间给您安排发货。

顾客：发货时给我包装好一点儿。

客服：亲，请放心，我们店铺的商品都是原厂包装，自用、送人都合适。

顾客：好，我相信你们。

客服：不会让您失望的。

顾客：最迟12点拍，今天给我发货。

客服：好的，这边会帮您备注"加急，当天发货"。

顾客：那就没问题了。

客服：好的，有问题可以随时咨询我们哦。

顾客：你去忙吧。

客服：好的，亲。

顾客直入主题，问快递和发货时间，都是简明扼要，整个接待过程仅仅用了几分钟。但是在提出发货要求时，顾客直接用命令的口吻，在沟通结束后，也是"我相信你们""你去忙吧"这样的语气。是不是很像权威型家长对待家里小朋友的口吻，也像我们平时和领导汇报完工作时领导的结束语。客服在接待的过程中并没有因顾客强势的语气而有所不悦，而是针对老虎顾客的特点，演好下属这个角色，发货时间就是领导下达的任务，我们努力完成，领导表达对我们的信任。谦卑有礼，能力过硬，客服就足以应对老虎顾客的强势。

第4章

菜鸟客服升职记

4.1 解读售后关键数据

今天，无双主管找到小蓝，说售后组有一位客服离职了，问她是否愿意挑战售后岗位，小蓝很有信心地说"没问题"。在大魏的帮助下，小蓝最近的售前咨询工作做得游刃有余，虽然还没有拿到销售冠军，但是各项数据和薇薇的已经越来越接近，可是对于售后工作的主要职责、考核要点，小蓝还不

太清楚。无双主管忙着去参加“双 11”筹备会议，所以她回到工位上，去向师父大魏请教售后客服的工作重心，以及与售前客服的区别。

4.1.1　天猫体验综合得分

大魏告诉小蓝：“从服务的角度来说，售前客服和售后客服都是一样的，顾客其实并不关心客服具体属于哪个岗位，他们只要求发出咨询有人应答，遇见问题有人解决就可以。相对于售前客服，售后客服需要解决的问题更复杂一些，平台也会通过所有售后问题的最终完结率来考核我们。还记得前面在介绍第一时间留住顾客时，强调的店铺综合体验分吗？里面很多的数据都和售后客服相关，今天正好给你详细说一说。”

1．指标定义

天猫消费体验指标是天猫平台为了帮助商家追求更好的消费服务体验，所建立的一套店铺全链路服务体验评估诊断标准。其主要包含以下两个体系。

基础服务考核体系。这个体系的主要考核指标为商品体验（商品评价）、物流体验（24 小时揽收及时率或物流评价）、售后体验（仅退款自主完结时长+退货退款自主完结时长）、纠纷投诉（纠纷退款率+投诉成立率）、咨询体验（阿里旺旺回复率+阿里旺旺人工平均响应时长）五个维度指标，如图 4-1 所示。

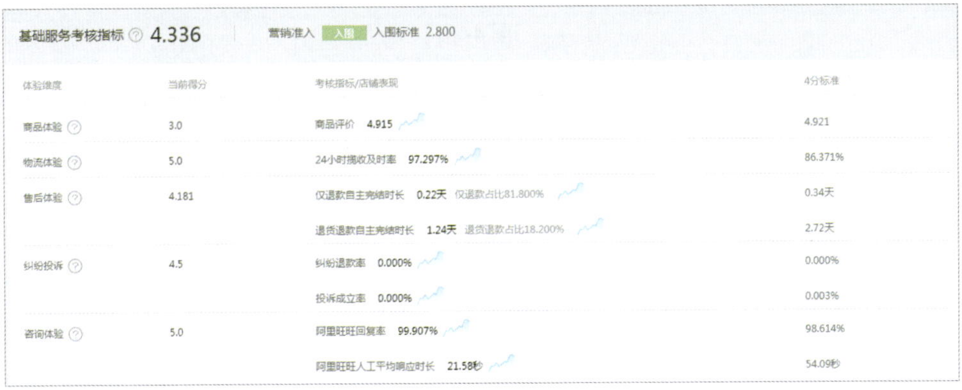
基础服务考核指标 4.336　营销准入 入围 入围标准 2.800

体验维度	当前得分	考核指标/店铺表现	4分标准
商品体验	3.0	商品评价 4.915	4.921
物流体验	5.0	24小时揽收及时率 97.297%	86.371%
售后体验	4.181	仅退款自主完结时长 0.22天 仅退款占比81.800%	0.34天
		退货退款自主完结时长 1.24天 退货退款占比18.200%	2.72天
纠纷投诉	4.5	纠纷退款率 0.000%	0.000%
		投诉成立率 0.000%	0.003%
咨询体验	5.0	阿里旺旺回复率 99.907%	98.614%
		阿里旺旺人工平均响应时长 21.58秒	54.09秒

图 4-1

这个体系侧重于考核商家参加平台营销活动的能力及达到行业基础服务的水平，主要用于营销准入和商家考核，以及年费返还考核。

综合体验星级考核。这个体系的主要考核指标为商品体验（商品体验退款率+店铺商品美誉度+店铺品牌影响力）、物流体验（到货时长或物流评价）、售后体验（仅退款自主完结时长+退货退款自主完结时长）、纠纷投诉（纠纷退款率+投诉成立率）、咨询体验（阿里旺旺回复率+阿里旺旺人工响应时长）等，如图 4-2 所示。

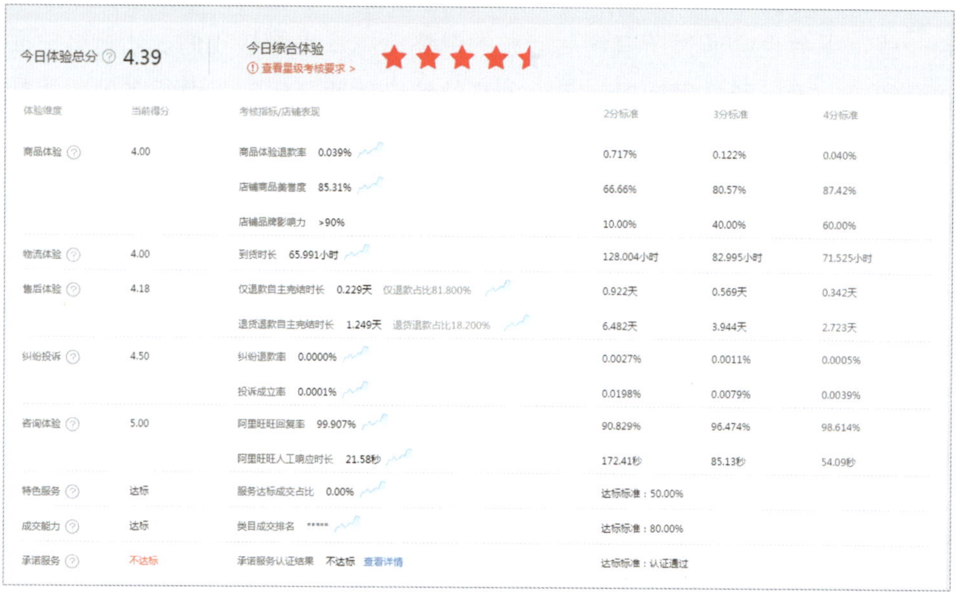

今日体验总分 4.39　今日综合体验 查看星级考核要求 >

体验维度	当前得分	考核指标/店铺表现	2分标准	3分标准	4分标准
商品体验	4.00	商品体验退款率 0.039%	0.717%	0.122%	0.040%
		店铺商品美誉度 85.31%	66.66%	80.57%	87.42%
		店铺品牌影响力 >90%	10.00%	40.00%	60.00%
物流体验	4.00	到货时长 65.991小时	128.004小时	82.995小时	71.525小时
售后体验	4.18	仅退款自主完结时长 0.229天 仅退款占比81.800%	0.922天	0.569天	0.342天
		退货退款自主完结时长 1.249天 退货退款占比18.200%	6.482天	3.944天	2.723天
纠纷投诉	4.50	纠纷退款率 0.0000%	0.0027%	0.0011%	0.0005%
		投诉成立率 0.0001%	0.0198%	0.0079%	0.0039%
咨询体验	5.00	阿里旺旺回复率 99.907%	90.829%	96.474%	98.614%
		阿里旺旺人工响应时长 21.58秒	172.41秒	85.13秒	54.09秒
特色服务	达标	服务达标成交占比 0.00%	达标标准：50.00%		
成交能力	达标	类目成交排名 *****	达标标准：80.00%		
承诺服务	不达标	承诺服务认证结果 不达标 查看详情	达标标准：认证通过		

图 4-2

这个体系侧重于考核商家是否能够给消费者提供更加极致的服务和更好的购物体验，主要用于综合体验星级认证和“天猫无忧购”商品打标。

2．店铺影响

两个评分体系，除了商品体验和物流体验，其他几项主要服务数据是重叠的，也是考核客服工作的数据，如果这些数据长期不达标，对店铺的影响不亚于违规扣分。

如果店铺的基础服务考核指标没有达到入围标准，**天猫平台的官方活动都是无法报名的**，比如平时的聚划算、一年一度的"双11"大促。店铺报名的首要条件就是基础服务考核达标。

从2020年开始，在考核销售成绩的基础上要加上基础服务考核成绩，如果店铺的基础服务考核不达标，店铺的软件服务年费到了年底**无法享受折扣优惠费率**，简单地说就是要被扣钱。

如果店铺考核长期不达标，也就是累计多次考核不达标，**商家将不能在平台直接经营了**，简单地说就是要被关店劝退了。

店铺体验得分影响店铺的星级评定，店铺星级分太低，就和以前的店铺评分DSR分飘绿一样，**会直接影响顾客的购买决策**，顾客对于店铺的信任度也会下降。

店铺星级在4星以下**是无法申请"天猫无忧购"**的，而"天猫无忧购"直接影响了店铺的搜索权重。店铺商品如果打了"天猫无忧购"的标识，就会有更多的展示机会。

3．5分标准

天猫消费体验指标和店铺运营、顾客转化率、客服考核息息相关。售后客服要了解每项指标的具体计算方法及5分的标准。关于计算方法，这里就不逐一介绍了，评分页面中有详细说明，但是关于5分的标准，客服一定要清楚，有目标才会知道努力的方向。在"客户之声—新灯塔考核—服务报告"里，将鼠标放在"考核标准"一栏，会显示每个考核项的5分标准，如图4-3所示。这个分值标准会因为类目不同而略有不同。

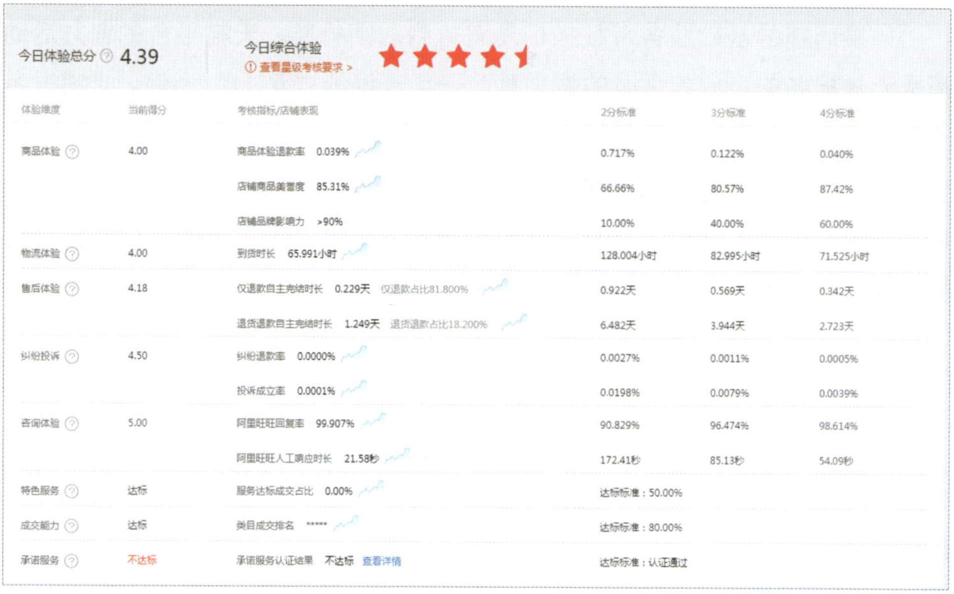

今日体验总分 4.39　今日综合体验　查看星级考核要求 >

体验维度	当前得分	考核指标/店铺表现	2分标准	3分标准	4分标准
商品体验	4.00	商品体验退款率 0.039%	0.717%	0.122%	0.040%
		店铺商品美誉度 85.31%	66.66%	80.57%	87.42%
		店铺品牌影响力 >90%	10.00%	40.00%	60.00%
物流体验	4.00	到货时长 65.991小时	128.004小时	82.995小时	71.525小时
售后体验	4.18	仅退款自主完结时长 0.229天 仅退款占比81.800%	0.922天	0.569天	0.342天
		退货退款自主完结时长 1.249天 退货退款占比18.200%	6.482天	3.944天	2.723天
纠纷投诉	4.50	纠纷退款率 0.0000%	0.0027%	0.0011%	0.0005%
		投诉成立率 0.0001%	0.0198%	0.0079%	0.0039%
咨询体验	5.00	阿里旺旺回复率 99.907%	90.829%	96.474%	98.614%
		阿里旺旺人工响应时长 21.58秒	172.41秒	85.13秒	54.09秒
特色服务	达标	服务达标成交占比 0.00%	达标标准：50.00%		
成交能力	达标	类目成交排名 *****	达标标准：80.00%		
承诺服务	不达标	承诺服务认证结果 不达标 查看详情	达标标准：认证通过		

图 4-3

客服知道每项数据的 5 分标准之后，需要分析店铺目前的分值，分步骤完成数据提升的任务，保证这两项数据达标，是售后客服工作的重中之重。

4.1.2 数据提升的方法

1. 商品体验退款率（首次品质退款率）

商品体验退款率=近 30 天发起退款的订单笔数/近 30 天成交订单笔数，近 30 天发起退款的订单笔数等于首次品质退款的订单笔数。**商品体验退款率，就是顾客第一次申请退款的理由，如果和商品质量有关，就会被纳入品质退款率。**

系统只计算第一次申请的理由，如果顾客第一次申请的是品质问题退款，即使与客服沟通后，顾客修改成“7 天无理由退换货”等其他退货理由，系统还是会判定为品质退款率，所以这项指标的提升需要防患于未然。

首先，在销售的时候，客服不能夸大其词，一旦出现材质与说明不符、功能介绍不详细等，这些都会为售后留下隐患；其次，在销售告别的时候，客服注意做售后引导，提醒顾客有任何售后问题，可以第一次时间联系客服，只要找客服沟通，就可以得到及时的退换货引导服务；最后，包裹里放售后服务卡，用明显的字体提醒顾客一切售后问题请协商解决，这样做的原因是很多顾客都是随便申请一个退货理由，他们并没有意识到这些理由对店铺的不良影响。

为了提升顾客的购物体验，当收到品质问题的退款申请时，建议售后客服主动联系顾客，咨询具体原因，方便店铺整改；售后客服也可以引导顾客修改申请理由，虽然这对于商品体验退款率的考核指标没有帮助，但是对于店铺完善服务和提升顾客体验还是有益的。

2．退款完结时长

退款完结时长=近30天自主完结（售中+售后）仅退款和退货退款申请到退款完结总时长/近30天自主完结（售中+售后）仅退款和退货退款完结总笔数。这个数据指标考核的是退款的速度，退款的速度越快越好，让顾客觉得付款时更便捷，退款时更高效。

这里的"快"不是店铺自以为的快，而是按照行业的5分标准来评定的。二八定律同样适合行业指标的生态分配，每个行业优秀的案例也就是那20%的头部商家，如果各项数据分值排在前20%，系统就会判定为优质商家，店铺商品也会有更多的展示机会。

想达到5分的标准，单靠客服人工处理是不够的，需要利用第三方的软件提升退款效率。比如，我们可以在千牛软件中搜索千牛售后服务平台，如图4-4所示，进入策略中心，选择符合的退款场景，设置自动化退款处理。选择自动化退款，一旦顾客的申请符合条件，系统会0秒自动退款，所以退款的风险控制需要考虑周全。比如，对退款的金额、退款的申请理由可以进行不同层级的筛选，也可以单独针对买家人群进行设置，如信誉高、购买次数多的优质客户可以进行自动化退款，这样不仅可以减少客服的工作量，也能提升顾客的售后体验。

图 4-4

通过第三方软件的协助，就算无法拿到 5 分，也基本在 4 分以上，不会成为拉分项目，因为物流和客户评价等干扰因素会比较多，无法完全控制数据，而售后体验和咨询体验这两项数据是可以通过客服工作流程的优化来提升分数的。

3．咨询体验是两个数据的综合得分

（1）阿里旺旺回复率。阿里旺旺回复率=近 30 天阿里旺旺在 1 个自然日内有效响应人次（店小蜜接待人次+人工主动回复人次）/近 30 天阿里旺旺在 1 个自然日内咨询人次总数（咨询人次按子账号每日去重）

（2）阿里旺旺人工响应时长。阿里旺旺人工响应时长=近 30 天消费者与商家阿里旺旺人工每个对话轮次的回复时长之和/近 30 天阿里旺旺人工咨询对话轮次次数。客服响应时间的提升方法，在前面章节已经详细地说明（本书 2.1　顾客怎么走了——第一时间响应留住顾客），这里不再赘述。

阿里旺旺回复率如何达到 100%呢？大魏对小蓝说："首先你要知道在哪里可以查看未回复的明细，针对未回复的具体问题进行工作流程的优化。通常，我们通过绩效软件里的绩效明细来查看未回复明细（见图 4-5），具体包括什么时间段没有回复、什么问题没有回复。"

图 4-5

细心的小蓝提出疑问：未回复明细里明明没有未回复的顾客，可是为什么体验分里显示自己不是 100% 的回复率呢？大魏告诉小蓝，如果出现此类情况，就需要再去"客户之声—新灯塔考核—服务报告"里查看，是否有未回复的明细订单。

通过对订单的分析，我们发现通常有以下四种情况导致旺旺回复率没有达到 100%。

（1）店铺账户的管理问题。比如一些离职的子账户要及时关闭分流和停用，还有一些不是接待类的账户，如店铺的主账户或者运营和美工使用的子账户，都需要在客服分组中移除，不设置分流。

（2）检查店铺所有的账户是否开通了手机分流，手机端登录账户后客服以为电脑端已退出，其实电脑端只是关闭了千牛软件，但是账户依旧登录着，也容易遗漏消息。

（3）凌晨时间节点的消息延迟回复。回复率数据的计算逻辑是按照自然日的 24 小时计算的，而 24 点通常是晚班客服下班的时间，顾客的消息有时候有延迟，所以经常看见 23 点 58 分的消息没回复。客服可以提前 5 分钟把阿里旺旺挂起，然后回复完消息再下线，**千万不要直接下线**，当然也可以调整晚班客服下班时间为 24 点之后。

（4）客户的转接问题。客服要习惯先发转接语，再转给团队其他客服继续服务。比如售前 A 和售后 B，如果顾客来咨询售后事宜，售前 A 没有回复顾客消息，而是直接转到售后 B 账户上，售前 A 的阿里旺旺上就会有一个无效回复，所以在转接客户时，**切记不要直接转发**。

通过以上问题的工作流程优化，咨询体验的阿里旺旺回复率就可以达到 100%，加上提升客服的响应速度，咨询体验这一项就可以拿到 5 分了。

天猫消费者的体验得分的考核指标及提升方法，小蓝基本了解了。但是小蓝也知道，数据是服务结果的体现，如果做好每个服务流程的细节，数据自然不会太低，那售后有哪些具体的工作内容呢？大魏对小蓝说："明天售后客服会向你详细地介绍工作内容。"

4.2 处理售后常见问题

小蓝今天开始转岗到售后，售后客服萌萌给了她一份售后手册。萌萌对小蓝说："售后的工作看似比售前工作更烦琐，但是售后问题处理好了，会更

有成就感。因为顾客的满意度会直接体现在商品评价和店铺的体验数据分上，而且很多顾客因为售后问题的妥善解决而成为店铺的忠实粉丝。咱们店铺回头客很多，就是因为一直以来店铺非常重视顾客反馈的售后问题。关于一些常见问题的处理流程，售后手册里都有详细说明，看不明白的可以直接问我。"小蓝信心满满地打开售后手册，发现店铺常见售后问题的处理流程非常详细，她觉得这是继大魏师父给自己的话术手册、商品手册、店铺手册之后的又一本客服宝典，自己需要经常学习和翻看。

4.2.1 物流问题

如果非要说一个最高频的售后问题，那应该是物流查询。发什么快递、什么时候发货、什么时候到货，甚至快递员的态度问题，都会影响店铺的物流评分。在日常的售后服务中，顾客咨询物流问题是很常见的，可是仅这类常见问题，因为客服的疏忽和怠慢，也经常会产生负面评价和投诉。做好物流问题的反馈工作主要有四个步骤：查询订单→订单分析→安抚说明→跟进落实。

1. 查询订单

通过订单详情的"查看物流"可以看到物流的实时状态，但是因为物流公司比较多，有时候平台系统的更新可能有延迟，所以客服要学会利用官网来查询物流状态。如果店铺合作多家快递，客服还可以通过"快递100"这个软件进行物流状态查询，如图4-6所示。

图 4-6

通过物流状态查询，订单可分为正常订单和异常订单两种。正常订单处理起来比较简单，客服告知顾客当前物流的状态、大概到货的时间及签收的提醒准备就可以。如果查询结果属于异常订单，就进入下一步的订单分析。

2. 订单分析

通过物流的时间和具体状态，针对不同的订单种类，客服需要进一步分析具体情况。

（1）时效慢。通常，物流超过 3 天没有更新状态，或者超过 7 天没有将包裹运输到顾客所在地，就可以判定为物流时效慢。物流时效慢的原因又是多种多样的，所以客服只有了解具体的原因，才能给出顾客合理的说明，安抚顾客焦虑的情绪，解决"催物流"这个棘手的高频问题。

快递爆仓。每次一到平台举办各种大型活动，快递包裹量都会激增，经常会有快递网点出现爆仓的情况，货物往往要几天才能中转到下一站，或者无法及时分发到各快递网点。**客服要及时关注物流交接群的通知，遇见此类情况可以利用物流的官方说明或者一些网点的爆仓图片，回复顾客的催物流**

信息。

天气原因。每年"双11",北方很多地区已经进入冬季,快递常常因为大雪天气而延误,而到了夏季,南方地区有时候因台风而影响物流的时效,所以恶劣天气会直接导致物流延迟。**因此,售后客服平时也要关注一下天气预报,对于出现极端天气影响的区域要心中有数。**

路线规划。不同的快递公司有不同的快递路线,因规划的路线不同,也会导致快递延迟。比如,在安徽省马鞍山市,如果以行政区域划分,快递的路线通常是先到合肥市中转,再到芜湖市中转,之后才到马鞍山市,这条快递路线通常会晚两天;而以地区划分,马鞍山市离南京市很近,到南京市中转再到马鞍山市,基本是第二天就能收到,节省很多时间。**所以,客服在看到物流状态经过很多中转城市时,就可以告知顾客,因为路线问题导致快递延迟,这样专业的回复比简单的让顾客继续等更有信服力。**

其他原因。比如,因召开一些重要的会议,受交通管制的影响,物流也会延迟,甚至很多快递都是处于停运的状态;还有一些非人为因素,比如2020年新型冠状病毒肺炎疫情的爆发,就影响到快递的时效。对**一些重要的社会新闻,客服也要留意,快递公司会通知此类情况的影响范围,客服在向顾客反馈时可以多一些原因分析,而不是直接告知结果。**

上述这些天气、路线和会议等信息,貌似和服务没有直接的关系,但这些信息其实和物流是息息相关的。客服只有了解清楚这些情况,才能在遇见异常订单时和顾客说清楚状况,所以看似简单的服务岗位,要做好服务,单单一个物流问题,客服需要学习的内容就很多。

(2)不派送。快递总算到了顾客的所在城市,可是又没有及时派送到顾客手里,顾客很少自己去联系物流,而是会通过客服来查询物流问题。其实快递没有及时派送成功的原因也有很多。

超区无法派送。顾客的地址超出了派送的范围,需要顾客自行去网点取件。所以,售前核对订单非常重要,客服**提前和顾客确认快递信息,可以有效避免这样的情况出现。**

快递面单毁损。现在基本普及了电子面单，损坏概率比较低，但是因为快递长途运输，有时候遇见刮风下雨，偶尔也会出现面单地址模糊，导致快递员无法及时联系顾客进行派送。这时候物流状态通常会变更为"疑难件"，**客服需要及时联系快递员，确认顾客的详细地址，请快递员进行再次派送。**

无法联系顾客。快递员联系不上顾客，通常有两种情况：一种是快递员的电话被顾客屏蔽了，很多手机会自动屏蔽快递员的电话号码，所以可以**提醒顾客是否有未接来电或者被屏蔽的电话号码**；一种是顾客主动找客服核对信息，发现下单留的电话号码是以前的电话号码，这种情况也需要**客服联系快递员，进行电话号码变更。**

节假日延期派送。在一些学校、政府单位，遇到节假日快递员都会默认无人签收，所以会延期派送。遇见这类情况，客服**可以和顾客说明情况，再联系快递员及时派送。**

（3）无签收。顾客发现快递被签收了，但自己却没有收到货，肯定会着急询问客服，客服可以通过签收的状态，向顾客说明情况，安抚顾客的情绪。

比如，快递信息中写的"草签"，签收时间显示前一天较晚时间段，这种情况多数是快递员代签了，因为快递员的工作有派送时间要求，而有时候快递比较多，可能会积压到第二天再派送，所以客服只需要电话联系一下派送的快递员，确认一下快递情况即可。而更多的一些情况是代签，如物业或者一些网点要求快递员联系顾客后，才能把快递放在网点，但实际上快递员都是直接将快递放在网点，然后发一个短信提醒，所以遇到这种情况，客服可以提醒顾客查看一下短信，查看快递员把快递放在哪里了。现在很多地方都有丰巢柜，快递员也是以短信形式发送取件码，不经常购物的顾客往往也容易忽略这些消息，认为自己的快递被他人领取了。

关于不是本人签收的物流问题，在长期的售后问题处理中，经验告诉我们，大多数的情况都是误会一场。但是，客服不能有事不关己的态度，而应该积极安抚顾客并说明情况，协助顾客联系快递员，直到顾客顺利收到快递。

3．安抚说明

顾客购物的核心心理需求就是心理安全感。物流查询是顾客在寻求一种安全感，顾客认为自己付了钱，但是货却没有收到，担心损失过大，所以一旦迟迟收不到货，就会找客服咨询。如果客服只是说让顾客"再等等"之类的话，顾客心里就非常没底，往往就会选择中途退款，就算没有申请退款，收到货后，顾客往往也会因为等待时间过长，给店铺一个负面评价。

遇见物流问题，客服要学会换位思考，理解顾客的焦虑心情，给出详细情况的说明。前面针对"时效慢"的各种情况分析，已告知客服说明的方向，同时客服还需要协助顾客催促快递，并且给出售后承诺——商品出现任何问题都会负责到底，及时安抚顾客的情绪。

4．跟进落实

遇见物流问题不是告知顾客原因就结束了，圆满的结局是顾客安全收到包裹。

曾有一位非常贴心的客服，顾客选购了一款数码商品，发现包裹里漏发了一条数据线，于是联系客服，客服说会尽快补发，很多店铺的售后服务到这里就戛然而止了，但是这个店铺后续的服务远远超出了顾客的预期。第二天，顾客收到客服的留言和补发的单号，客服请顾客注意查收。过了几天，当顾客收到补发的数据线时又收到客服的消息，客服询问商品是否收到，使用过程是否有问题，还留言"麻烦亲签收两次包裹，给亲带来麻烦了，非常抱歉呢"。这让顾客有些感动，给了客服一个非常有诚意的五星好评。这是一次有始有终的服务，虽然中间有小插曲，可正是这种售后小插曲让顾客体验到不一样的店铺服务，从而对这个店铺留下了非常好的印象，也自然成为老顾客。

售后的问题大多都可以圆满解决，延迟的包裹送到、换货的商品收到、申请的退款到账。客服不要等顾客来催促才帮忙解决问题，而应在顾客第一次咨询后，就有一个持续跟进并且最终落实问题的反馈机制。

关于物流的以上常见情况，小蓝在售后服务手册上都做了重点标记，也了解了不同的物流状态、处理问题的流程和技巧。可是萌萌提醒小蓝，更加复杂的是商品问题，因为顾客最终是为商品买单，网购无法看见实物，所以顾客签收后还会有很多问题等着客服来解决。

4.2.2 商品问题

网购和线下销售最大的区别主要在于网购可以提供大量的售后服务。网购无法看见实物、无法试穿或者试用，顾客对于商品存在很大的想象空间，收到商品后，也会出现许多与商品相关的售后问题。

1．色差问题

色差问题基本上是无法避免的，就算现在直播卖货盛行，但是因为直播间的灯光等问题，顾客收到的商品还会有色差，更别说通过图片来选购的商品。越是饱和度高的图片，色差往往越大。所以收到商品后，觉得图片中的商品和实物颜色不符的顾客不在少数。遇见此类问题，除告知因为不同设备分辨率导致的色差问题以外，客服也可以通过商品的品质、实用性、性价比等方面转移顾客的注意力，不至于因为单一的色差问题导致退货。

2．尺码问题

除了衣服、鞋子等和尺码比较紧密的商品，即使顾客购买一件配饰，收到货后也可能觉得和想象中的商品不一样，如吊坠太小了、包包容量不够大。商家为了解决此类问题，不管是模特图还是商品的详细尺寸图，其实都有展示，但是奈何顾客看见实物后，还是会各种嫌弃。针对尺码问题，影响使用的，比如鞋子大了、衣服小了，客服可以引导顾客进行换货；但是对于一些顾客想象中的差别问题，客服可以先做商品说明，需要注意的是，这个说明不是要证明顾客错了，而是让顾客理解商品设计的理念、如何搭配等。

3．使用问题

现在电商平台包罗万象，很多商品都可以选择网购，但是顾客收到商品后应如何使用，没有线下销售人员的现场演示，很多时候顾客还是无从下手。有时候明明因顾客操作不当，反而会被顾客误以为商品有问题。对于商品使用的售后问题，需要客服有足够的专业知识和全面分析问题的能力，客服既不能盲目地认为商品没问题，也不能一听顾客说"用不了"就判定商品有问题。

一位顾客在购物的时候，曾遇见过两位客服采取截然不同的处理方式，给这位顾客带来的购物体验也是天壤之别。作为一个电脑小白，这位顾客购买的两款商品都是和电脑相关的配件，电脑配件自然会有安装和使用问题，两家店铺的售后客服都通过远程来指导，但是结果却大相径庭。

顾客在 A 店铺购买了一款音箱，收到音箱以后，总是有电流声，然后他就咨询客服，检查了声卡配置没有问题，也确认了插孔，然后客服就判定可能是音箱有质量问题，建议顾客退回换货。音箱被拆除并分别用大包装盒装好，退回以后店铺的技术人员检测该音箱竟然没有问题，客服表示邮费由顾客自己承担，并换发了一台新的音箱。但是，新音箱一安装好还是有电流干扰，顾客再咨询客服，客服认为顾客的电脑和音箱大概无法匹配，建议顾客直接退货。退货前，顾客问了懂电脑的朋友，朋友了解了具体的安装情况后，发现是因为顾客的路由器放在音箱上面导致的电流干扰，只要把路由器放远点儿就没问题了。虽然最后音箱顺利使用了，但是这期间顾客不仅白白搭了几十元的邮费，还耽误了使用的时间。

顾客在 B 店铺购买了一个话筒，收到话筒并安装后发现没有声音，原有的耳麦是有声音的，说明声卡是好的，话筒的安装比较简单，就两个插孔，所以顾客又找到客服。B 店铺的客服了解了基本的安装问题后，让顾客把电脑配置发给他，然后通过顾客的电脑配置，客服分析出根据顾客的主板类型需要将话筒插在后插孔，建议顾客试试后面的插孔，果然话筒有声音了，接着客服又说，如果觉得前插孔方便，他们的技术人员可以指导顾客如何调整电脑的主板配置，顾客觉得麻烦就拒绝了。最后客服还留言，有任何问题都可以随时联系，他们会第一时间处理。

　　A 店铺的客服让顾客来回退换货，贴了邮费，耽误了时间，浪费了精力，顾客的购物体验自然是不好的，而且客服没有任何的安抚和跟进；B 店铺的客服通过自己的专业知识，轻松地解决了问题，避免了不必要的售后问题。所以，对于商品的使用问题，客服需要具备足够的专业知识，特别是一些小故障的排查问题，不要动不动就退换货，毕竟顾客买东西不是为了折腾，而是为了使用。而且，在指导使用的过程中，客服最好配以视频来演示操作，让顾客能直观地学习操作方法。

4．品质问题

　　商品的品质问题主要是由两方面引起的。一是物流运输导致的商品破损，网购要经过物流运输才能将商品送到顾客手里，在运输的过程中难免有磕碰，遇见类似情况的售后问题，除了及时地帮顾客退换货，客服还要做详细的统计，如果破损率比较高，就要反馈给仓储人员，对商品包装进行升级。就算我们及时进行了补发，但是顾客前有收到破损商品的坏心情，后有再次等收货的时间，无论哪方面都影响顾客的购物体验。二是商品本身的品质问题，因为类目比较多，每个类目对于品质的判定是不同的，这里就不逐一举例了。特别提醒大家一个关键的售后数据——品质退款率，遇见顾客反馈商品有品质问题，客服在处理退换货的时候，一定要注意引导顾客申请"7 天无理由退换货"，因为品质问题的申请是按照首次计算的，所以客服一定要做好退换货的流程引导。

　　色差、尺码、使用和品质这些常见的商品售后问题，有的是客观存在的，有的只是顾客的主观问题。客服要了解顾客的不同需求，通过专业解答解决售后问题。如果客服无法通过说明改变顾客的想法，那么也不用勉强顾客留下商品，否则易导致不必要的中、差评，客服要做的是引导顾客进入下一步的售后问题处理。

4.2.3 退换货的处理

卖家当然希望顾客收到商品后满意,可是实际的售后现状是很多店铺的退货率居高不下,特别是一些服装类目,因为网购的商品让顾客收到货后感觉不是自己想象中的样子。如果顾客直接申请"7 天无理由退换货"还比较好处理,客服只要引导顾客写明申请退货理由,并且告知退货地址和要求即可。但是,如果因为商品不合适需要换货,或者因为质量问题导致的退货,那必然会有关于退换货邮费的纠纷,这需要客服妥善处理,避免矛盾升级。

现在,很多店铺都有运费险,这可以有效减少此类问题的出现,但是运费险在使用的过程会遇到很多问题,售后客服要了解清楚。

1. 运费险的定义

运费险是淘宝的一项增值服务,在交易过程中,如果顾客需要退货,产生的运费由保险公司理赔。目前淘宝的官方活动,比如聚划算、"6·18"和"双 11"大促,都会强制商家赠送运费险。

对于没有赠送运费险的店铺,客服可以引导顾客自己购买运费险。小蓝问萌萌:"有了运费险以后,退货率会不会提高呢?"萌萌说:"肯定会有一些影响,但是减少了顾客的后顾之忧,随之而来的转化率也会提高,纠纷率也会降低,综合判定还是利大于弊,毕竟顾客买东西的目的不是为了退货。"

2. 运费险理赔

运费险除了在售前能帮助客服有效地促成交易,在售后环节也能大大减少纠纷,现在商家基本都是支持 7 天无理由退换货的,双方纠结的,无非就是退货的邮费谁来出。顾客觉得自己没买到满意商品,还要贴运费,很委屈;商家觉得自己耗费了人力、物力,最终因为顾客认为不合适要商家买单,真是太难了。而有了运费险这个保障,产生的邮费由保险公司来理赔,顾客和商家自然皆大欢喜。

除了退货退款的时候运费险可以理赔，以下两种情况，运费险也是可以理赔的。

（1）换货操作。顾客购买商品，因某种原因不合适申请换货服务，按照流程操作"申请换货→商家同意→输入快递单号"，在这种情况下产生的运费，保险公司也会理赔。

（2）售后退货。以前的运费险在确认收货后就失效了，而现在确认收货后，运费险依旧显示已出单。从 **2020 年 9 月**开始，运费险全面升级，订单确认收货后，如果需要申请售后退货，顾客一样可以享受运费险，并且运费险的理赔时效已延长到 **90 天**。

按照正常的后台流程申请，运费险都会理赔，但是运费险理赔的金额只能按照快递公司的市场报价来计算。顾客选择上门取件，基本是不需要额外支付运费的，但是如果顾客自己去快递网点邮寄或者因为某些商品超重，就会产生一定的邮费差价。根据平台的规则，如果商品无质量问题，退回的邮费就需要顾客自己承担；如果商品有质量问题，那么产生的邮费差价，客服可以通过红包的形式补偿给顾客。

3．理赔失败

利用运费险解决商家和顾客之间的邮费纠纷，自然是好的，正常的运费险理赔流程，如图 4-7 所示。但是一些特定情况会导致运费险理赔失败，售后客服要知道原因以及应对的方法。

图 4-7

（1）顾客选择仅退款选项，在这种情况下运费险是无法理赔的。

（2）顾客输入了错误的快递单号，保险公司审核不通过，也会理赔失败。

（3）商家在发货时选择了无须物流。

（4）同一个订单申请多次运费险理赔。

以上四种情况导致运费险无法正常理赔，所以客服在引导顾客退换货的时候，要让顾客选择申请的选项，并输入正确的单号。

还有一种特殊情况，就是店铺明明赠送运费险，而顾客购买时却没有显示运费险，导致退货时不能理赔。通常，这样的情况是顾客的退货率太高，被保险公司判定为高风险顾客，遇见类似情况，客服可以引导顾客换一个账户购物，这样就会正常显示运费险了。

退换货的流程比较简单，客服在处理此类问题的时候，主要应做好引导工作，比如一些商品的原包装、发票、物流选择等注意事项。退货退款的处理完结时长是店铺售后体验的考核数据，所以对后台的退换货申请，客服要第一时间处理。

物流问题、商品问题、退换货问题，都是售后常见的问题，处理的方式以平台规则为准则、以店铺规则为要求，灵活处理。顾客联系客服，通常都是满腔抱怨，情绪也非常激动，所以客服不仅要处理售后问题，还要注意处理顾客的情绪问题。不管顾客说得对与错，都不应急于打断顾客，客服要耐心地倾听，理解顾客的心情，当顾客情绪稳定后，再开展下一步的工作。

4.3 提升售后服务意识

小蓝已经开始处理售后的订单,却发现顾客都是来势汹汹的,张嘴闭嘴不是退货就是投诉。小蓝发现顾客有时候压根儿不听客服的解释,很多售后的同事也经常愁眉苦脸,倍感压力,但是售后服务是销售不可分割的一部分,店铺售后服务有保障,才能让顾客在购买时无后顾之忧。售后客服尽管熟悉售后问题的处理流程,有时却没有妥善处理好售后问题,关键就是没有先处理好顾客的情绪。人与人之间的沟通,70%是处理情绪问题,情绪处理好了,才能顺利处理剩下 30%的内容。没有处理好顾客的情绪,客服说什么都像是在推卸责任,难以赢得顾客的信任。

4.3.1 售后服务是另一次销售的开始

售后服务不是一次服务的结束,而是另一次销售的开始。人的大脑记忆很奇怪,如果是一次平平淡淡的交易流程,可能很快就忘记了,但如果是一次有波折的交易过程,最后结果又有反转,得到一个满意甚至超出预期的结果，那顾客自然记忆深刻，也更容易成为店铺的老顾客。

在新冠肺炎疫情期间，消毒液的销量激增，一位顾客在签收后，反馈收到的消毒液包装不严，已经漏了不少。顾客本来只要求补偿一下，但是售后主管考虑到顾客的购物体验，加上当时顾客使用频率较高，主动给顾客补发了一瓶。顾客收到货后非常意外，认为只是漏了一部分，竟然直接补发了一瓶，十分感谢客服。通常，事情到这里就告一段落了，但是之后发生的事情是客服当初没有想到的，顾客不仅介绍不少朋友来购买，还介绍自己单位的采购人员来购买，因此店铺增加了不少长期稳定的老顾客。

当然因为售后处理不当，导致退款退货甚至投诉的案例比比皆是，可能大家自己在购物的过程中就发生过这样不愉快的事，这里就不一一列举了。客服想要做好售后工作，最重要的是不能忘记售后的核心原则，即首问负责制。

1. 首问负责制

第一个接受询问或咨询的客服负有对顾客服务的责任，该客服必须负责顾客的接待、受理或指引对接工作，不得因不负责该方面的工作而对顾客推诿。

目前，多数店铺的客服岗位采用职责分配的方式，即售前岗位和售后岗位是独立的，但是旺旺系统的分流是默认优先分配到以前联系过的客服账户上，所以必然有一个转接的过程。前面介绍阿里旺旺回复率如何达到100%时也强调过，售前和售后的转接要有转接语，否则会计算未回复的次数，即使不计较咨询体验的得分，对于客户的切实购物感受来说，客服"踢皮球"的处理方式也是让人非常恼火的。所以，首问负责制是售后服务的首要原则。

2. 客服的态度

热情服务，对于售前和售后来讲都是最基本的要求。专职的售后岗位处理问题还算及时，如果有些店铺售前工作和售后工作是一起处理的，客服对待售后的顾客明显就多了一些逃避、敷衍的态度，远不如销售追单时积极，这样前后不一致的态度，更容易让顾客产生心理落差，所以遇见售后顾客的咨询，客服应该积极响应，并保持热情的态度。

耐心倾听。很多客服遇见售后问题内心都会比较焦虑，希望尽快处理好，这个过程就容易忽略重要的步骤——倾听顾客的需求。有些客服还没有等顾客说清楚情况，就按照以往的惯例，要么引导退货，要么申请补偿，这让顾客觉得客服非常没有耐心，本来很简单的售后问题，可能因为客服不耐烦的态度导致矛盾升级。

态度诚恳。售后的很多问题需要双方的配合，比如包裹的破损需要顾客拍照传图，很多客服喜欢使用类似命令式的语句让顾客做这做那，遇见脾气不好的顾客，就会觉得客服故意找碴儿，或者是不相信自己的话。其实，客服只要诚恳地和顾客说明情况，比如仓储交接的流程、店铺售后问题的备案要求，请求顾客积极配合，这样就能更顺畅地处理一些复杂的售后问题。

3．补偿到位

以前大魏的师父曾说过一句话，这句话一直是大魏处理售后问题的原则——"响应快，钱到位"。回复速度快自然是积极解决问题的态度，但是只有态度不行，最终还是要解决问题，所以售后方案肯定是少不了对顾客的补偿。在前面讲的案例中，"重新补发一瓶消毒液"就是对顾客的一种补偿方案，而且也取得了满意的效果。

有选择余地。说到售后方案，很多店铺都是直接告知顾客可以怎样做，比如可以申请10元的红包或给顾客补发赠品，至于顾客是想要红包还是希望获得赠品并不关注。不以顾客为中心的售前服务难以转化，同样不以顾客为中心的售后服务也很难获得顾客认可，所以在售后方案的提供上，建议客服提供两个以上的方案让顾客选择，顾客自己选择的方案，处理起来满意度会更高一些。

有跟进落实。大多数的售后问题不是一蹴而就的，需要有一个处理过程。不管是查物流还是退换货，都需要一个服务的流程，在这个过程中客服要保持积极跟进的状态，让顾客感受到客服一直关注其需求、重视其感受。

有结果反馈。任何没有结果的售后都是没有意义的，比如查物流最终没有收到包裹、退款最终没有到账，都不能算售后完结。当然，最好的售后完结是处理完问题后，顾客满意，还给一个大大的好评。很多售后客服觉得事情做了就可以了，但是很多事情不仅要做，还要和顾客说，比如对顾客说"亲，退款已处理，请注意查收支付宝余额哦"，这比默默退款，顾客不知道什么时候才发现退款，处理得更好一些。

售后处理的原则是坚持首问负责制，因为顾客不想被当作皮球踢来踢去。在处理售后问题时，客服的态度要积极热情，补偿方案也要让顾客感觉是自己选择的结果。

4.3.2　99%的售后问题是因为服务不到位

99%的售后问题都是因为服务没有做到位，而这个没到位，有售前客服的不细致留下的隐患，也有售后客服处理得不及时激化的矛盾，所以在处理售后问题时，需要具有完善的服务流程。

1．售后转接

在售前和售后的转接过程中，店铺要明确转接的规范，如图 4-8 所示，根据售后问题的难易程度进行规范转接。

图 4-8

在转接的过程中，客服可以设置标准的转接话术。比如，售前客服可以说"很抱歉给您带来不便，马上帮您转接售后专员帮您处理，由于咨询量比较大，请稍等片刻，您可以先将问题留言，以便售后人员快速为您处理"；而售后接到转接来的顾客，也可以先发一条道歉信息，比如"亲，无论什么原因导致需要我们为您提供售后服务，都给您添麻烦了，我在这里代表公司致以诚恳的道歉，我们会负责到底，请您放心"。当顾客看到这两条消息后，也算吃下了一颗定心丸，事情会有人处理，不需要太担心，更没必要生气发火。

2．交接工具

当售后客服接到顾客后，订单正式进入了售后环节，售后工作需要对接很多部门，也需要一定的处理时间。在每个处理的节点上，最终的结果都需要一些辅助工具，这样才能更好地完成售后服务。

千牛工单。一种工单是内部设置，通过工单，各岗位之间互动提醒待完成的事项。一种工单是平台发出的协同工单，这种工单要特别重视，收到工单后 24 小时内需要重新联系顾客进行问题处理，如果未及时处理，一旦官方小二介入，判责后会计入纠纷退款，而且在工单处理的过程中，提交的凭证不得造假，否则将面临一般违规 12 分的处罚。所有的工单都可以进入工单中心进行跟进处理，如图 4-9 所示。

图 4-9

钉钉共享文件也是很好的跟进方式。售后往往需要多部门协同处理，各部门利用共享文件可以直接在线编辑售后问题跟进表：售后客服登记顾客的售后问题；仓储部门可以直接填写单号；如有退款，财务部门也可以反馈审批情况。共享文件可以同步给群内所有成员，这样不管售后问题处理到哪一步，所有在线客服都可以随时查询，第一时间反馈给顾客。

通过工单和共享文件的跟进反馈，有据可查，清晰明了，售后客服在和顾客沟通时，也能更好地反馈售后进度。

3．沟通技巧

99%的维权投诉都是可以避免的，售后问题讲究的是大事化小、小事化了，但是处理的结果经常事与愿违，明明很简单的一个问题，最后却被投诉，甚至被扣分罚款。在处理售后问题时，客服需要注意沟通的技巧。

（1）**表达歉意**。售后客服在处理问题时，总是觉得自己委屈，如果这样想，就站在了顾客的对立面，那就是一种敌我关系。客服和顾客要建立的是共赢关系，客服是专业售后客服，而顾客正好需要解决售后问题。

客服不要摆出一副"还想怎么样"的架势，觉得有问题就处理问题，退货也好补偿也罢，解决方案都提供了，为什么顾客会不依不饶。客服恰恰忘记了，进入售后服务，不管是时间上的耗费还是心理上的伤害，都是因为售前工作没做到位，才会进入售后环节。所以，售后客服要先诚恳地表达歉意，这个道歉是代表店铺的，并不是说自己做错了什么，道歉也不代表委曲求全，而是拿出一种解决问题的态度。

（2）**了解需求**。有一次，一个客服在群内抱怨：自己主动给顾客申请了补偿，但是顾客觉得受到了侮辱，反而要投诉店铺。通过分析聊天记录发现，原来顾客是店铺的老顾客，只是反映一下情况，但是客服没有安抚顾客的情绪，更没有耐心倾听顾客的话，而是直接说"给你申请几元的补偿"。顾客生气了，觉得客服把自己当成爱占便宜的人，自己在店铺多次购买商品，只是好心提意见，却换来这样的结果。

所以，在提供售后服务时，客服不要急于给出解决方案，而要花点儿时间认真倾听顾客的需求，根据顾客的需求给出解决方案。比如有的顾客就是嫌退货麻烦，那这个时候补偿一些差价更符合顾客的心理需求；但有的顾客像案例中的顾客一样只是提意见，客服只要安抚顾客几句，并表达出对顾客反馈的感谢，顾客也就不会提出更多要求了。

（3）同理回应。客服应了解顾客真实的售后需求，并把这种需求当成彼此共同的目标，然后学会转移自己的位置。在处理售后问题时，客服经常需要表明自己的立场，这个立场和顾客的立场是一致的，参考话术"亲，我们现在面临一样的难题，需要您帮助一起解决它""您的想法太棒了，那我们就这样决定，感谢支持"。千言万语不如一句"我懂你"的同理心，这在处理售后问题时可以快速安抚顾客的不满情绪。

切记不要随意给顾客贴标签，更不要为了省事，按照惯例来处理售后问题，不懂顾客需求的沟通很容易激化矛盾，只有认真倾听，确认信息一致，这样给出的售后方案才是顾客需要的。售后客服要学会站在顾客的角度为自己说话。

4.4 维护店铺评价体系

萌萌找到小蓝，说店铺有一种热销款商品出现了负面评价，需要商品的优化评价，如图4-10所示。店铺近期的转化率直线下降，店铺流量也没变，广告费也没少花，综合分析后找到"罪魁祸首"，店铺热销款商品的置顶评价是一个差评。现在选择静默下单的顾客越来越多，顾客购物可能绕过客服，但是一定会看商品的评价，一些负面的评价会直接影响顾客的购买决策。

图 4-10

天猫店铺虽然没有中、差评，但是顾客的一大段负面"好评"比简单的差评更吸引眼球，而且根据平台评价规则，顾客在收货 180 天内可以追评，追评的内容更会被其他顾客所关注。所以，对于店铺的商品，特别是热销款商品的评价维护，是售后客服的重要工作之一。

4.4.1 评价的维护方法

评价维护，主要有两个努力方向：一是提升好评率，二是弱化负面评价。通常，消费者的心理是收到的商品符合心理预期，就懒得评价，特别是现在淘宝又明确规定，不允许商家利用"好评返现"等手段引导顾客进行评价，因此很难让顾客在签收后主动评价。但是，如果顾客对收到的商品不满意，找售后客服处理，又没有得到满意的答复，那么顾客自然会奉上"认真书写的 100 字小作文"，表达心中的不满。即使天猫店铺没有差评选择，但长篇的负面评价也会直接影响进店顾客的购买决策。

1. 提升好评率

提升好评率，先要引导顾客来评价，大多数顾客购买商品后都不会主动给商家评价，所以邀请评价的工作需要坚持做，常见的邀请方法有以下三种。

（1）短信提醒。通过第三方软件进行物流跟踪，在顾客签收包裹后，及时发短信提醒顾客评价。因为现在的很多短信会被屏蔽，所以这种方式正逐渐被替代。

（2）售后卡片。在包裹里放上精美的售后卡片，不仅能提醒顾客来评价，还能有效避免一些不必要的售后或者投诉问题。想让顾客看到卡片就行动，还需要有一些邀请条件，比如店铺的会员福利、积分兑换等。

（3）客服引导。有的店铺一味地让客服装可怜邀请顾客评价，短时间内可能会有一些效果，但是根据顾客体验调查的反馈，顾客虽然勉强给了好评，但是心里并不认可，有时候还会引起反感。所以，客服在引导顾客评价时，选择合理的邀请理由更重要，比如店铺优秀客服评比，邀请顾客评价时加上服务客服的名字，加强售前与售后服务的监督工作。因为请顾客为客服的服务打分，让顾客有了一种参与感，多数顾客还是愿意的。除了邀请参与，客服还可以强调顾客评价带来的好处，比如店铺的会员升级、淘金币抵现、淘气值增加等，让顾客知道做这件事的好处，那样顾客行动的意愿也会加强。

一旦顾客评价了，客服下一步的细致工作就是评价维护工作了。正面的评价互动会提升顾客参与评价的积极性，如果只是用模板话术做评价回复，效果不是很好。但是，要针对不同顾客的评价进行不同风格的评价回复，还是有一定难度的，需要客服有一定的文字功底，除了有心更重要的是回复的内容要有趣，让顾客觉得这是一件好玩的事，那样店铺积极正面的评价也会越来越多。

系统在 30 天内都可以进行评价回复：如果顾客给的是积极正面的评价，**评价回复就多以感谢、互动为主**；如果顾客给的是一些负面的评价，**评价回复就多以道歉、解释为主**。最不建议的评价回复方式，就是在评价解释里不断地贬低顾客，看似逞了口舌之快，但是失去了人心，其他顾客看到后会觉得店铺没有风度，为了避免自己被客服冷嘲热讽，经常会选择放弃购买。

2. 降低负面评价

售后服务的目的是希望顾客能对店铺和商品给出积极正面的评价，所以无法强求都是赞美之声，否则既不真实也不现实。前面我们多次强调，负面评价的理由各种各样，甚至有些特别恶劣的负面评价会左右其他顾客的购买决策，所以售后客服要降低负面评价的影响。

（1）修改评价（只限淘宝）。

如果是淘宝店铺，客服可以积极主动地联系顾客，双方沟通达成一致以后，请顾客帮忙修改中、差评。现在，顾客基本都是使用手机淘宝，因为修改的地方比较隐蔽，在引导顾客修改评价的时候，客服最好能进行图例展示，如图 4-11 所示，进入"我的淘宝—我的评价—改为好评或者删除评价"。修改评价仅限于淘宝店铺，在天猫店铺中顾客评价以后就无法修改了。

图 4-11

（2）屏蔽评价。

小蓝问萌萌："如果是天猫店铺，就只能一锤定音，无法改变评价了吗？"萌萌说："是的，在天猫店铺中售出的商品，顾客一旦确认了评价，顾客本人是无法修改评价的。但是，客服可以选择屏蔽评价，主要方法有以下两种，一种是通过"客户之声"里的评价处理，一种是通过恶意投诉中心进行申诉，官方会屏蔽或者删除不合理的评价。"

客服可以选择投诉评价，但是选择的评价内容一定是不合理的、情况不属实的恶意评价（见图4-12）。如果顾客真实反馈情况，那么客服滥用此项功能，该店铺反而会被扣分。

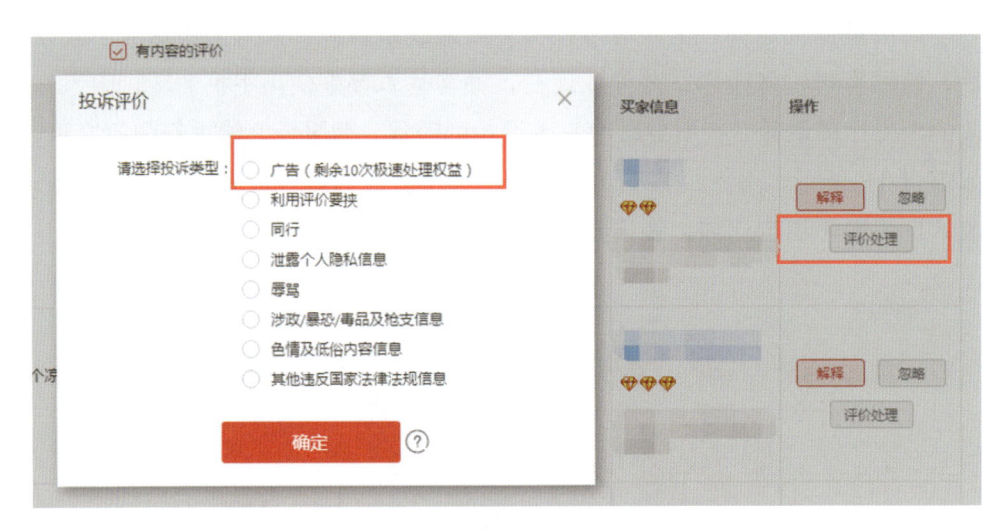

图 4-12

对于顾客利用评价要挟等产生的负面评价，客服还可以通过投诉中心进行申诉，屏蔽或删除评价，如图4-13所示。

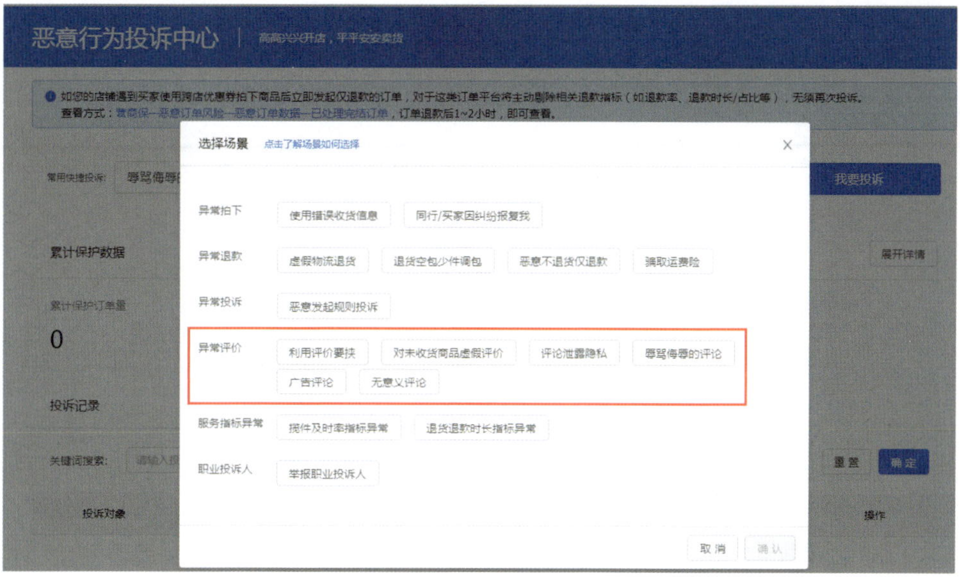

图 4-13

（3）优化排序。

不管是删除还是屏蔽评价，都是有前提的，要么是顾客愿意协商，要么是顾客确实进行了不合理的评价。对于不合理的评价，通过申诉客服可以屏蔽，但是对于顾客拒绝沟通协商且顾客不愿意配合修改的负面评价，无法利用以上两种方式弱化负面评价的影响，此时就需要客服掌握第三种方法，也就是前面萌萌让小蓝做的工作——优化评价。售后客服要掌握优化评价排序的方法，也就是尽量让负面评价沉底，让正面评价排在前面，利用人为干预的方法改变评价的展示顺序。想要优化评价排序，客服必须先了解平台评价排序的规则。

4.4.2 评价的排序规则

有很多影响评价排序的因素，客服掌握核心的因素，可以通过评价维护的方法来优化排序的规则。

1．时间

越是近期的评价越会展示在前面，所以针对一些负面评价，即使不处理，过一段时间它们也会排到后面，但是客服需要把负面评价尽快压到后面去。所以，客服还需要了解其他的影响因素。

2．字数

在同一时间做出的顾客评价中，字数越多的越排在前面，这也是负面评价总是排在前面的原因。因为顾客收到商品后若满意，也是寥寥几句的评价，但是如果收到商品却不满意，那么顾客总有倾诉不完的委屈，洋洋洒洒几百字自然会排在前面，所以邀请近期的顾客来评价，可以压住目前的负面评价，当然评价的字数不能太少。

3．顾客

邀请什么样的顾客来评价排序更容易靠前，其实顾客等级是一个重要的参考因素。比如，顾客是不是淘宝的 88 会员、是不是店铺的回头客，以及顾客的购买信誉度如何等，都会影响评价排列的顺序，所以邀请顾客主动评价，自然是顾客的等级越高越好。

4．标签

如果占据首位的负面评价篇幅很长，顾客等级也高，那想要压过原来的评价，新的评价可以包含 1 个评价标签或者若干个评价标签，这样即使字数不是最多，但是和标签的符合度更高，也会排在前面，如图 4-14 所示。

图 4-14

5．晒图

在浏览店铺评价的过程中，小蓝发现排在前面的评价好像都有晒图，找萌萌求证是不是这样的。萌萌肯定了小蓝的想法，在影响评价排序的因素中，晒图的因素占比很大。前面介绍弱化负面评价时已提过，天猫店铺是无法修改评价的，但是顾客可以删除评价里的图片，这样也会降低负面评价的影响。

6．追加

我们查看商品的全部评价，发现还有单独的评价标签，如图 4-15 所示。追加评价是顾客使用一段时间后的问题反馈，这也是其他顾客比较关心的问题，商品的品质如何，毛衣看着很漂亮但是穿两天容易起球，鞋子试穿觉得很舒适但是穿几天发现不耐磨。顾客在确认收货 180 天内都可以进行追加评价，而大多数顾客都会点开追加评价来综合判断商品质量。所以，售后客服不要觉得过了 7 天无理由退换货的期限，再出现的售后问题就可以敷衍过去，如果真的是商品有问题，售后客服依然要积极解决。

图 4-15

7．视频

短视频是现在很普及的传播方式，平台也提倡消费者上传实物视频，让其他顾客在选购的时候可以多角度了解实物，所以在评价中添加了视频的元素，视频会在排序规则中产生很大的影响。

若要降低负面评价的影响，售后客服可以通过掌握评价排序的规则来优化商品的排列顺序，维护商品的正面信息展示。

售后客服可以通过负面评价提醒设置，及时掌握负面评价的信息，第一时间联系顾客沟通解决。同时，售后客服也要定期对店铺的评价进行综合分析，通过生意参谋的评价分析来确定优化的方向，顾客是对服务不满意，还是对商品或者物流包装等不满意，通过对这些问题的汇总反馈，可以提升店铺的整体服务水平和商品品质。

4.5 客服数据诊断

大魏问小蓝："工作一段时间了，客服考核的各项数据指标是否都弄明白了？"小蓝满脸疑问。

客服是以结果为导向的考核岗位，对于岗位的各项考核数据，客服需要定期自检，以了解自己的数据现状。很多店铺都在使用客服绩效软件，但在了解具体的使用情况时，得到的反馈只是用来查看客服的销售额。其实，客服绩效软件的数据能反映出很多问题，通过数据优化可以提升客服的工作能力。

客服主管需要了解客服绩效软件的每项数据，并且能分析出影响数据的具体因素，这是客服主管的日常工作之一。一个管理者如果用太多个人主观看法评价客服，很容易让客服产生抵触情绪。比如"客服服务不热情"，客服本人觉得自己很热情，毕竟每个人对热情的理解不一样。但是换一种表达方式"客服的答问比低于店铺要求的 120%，没有传递主动服务的积极性"，这样问题就清晰多了，客服也知道了努力的方向。资深客服要掌握关键数据的分析方法，通话自检来优化服务的细节，而不一定非要等主管发现问题才知道努力。

4.5.1 核心数据

核心数据是客服考核的关键数据，每个店铺会通过这些数据考核客服的综合能力，但是数据只是结果，数据背后的影响因素及提升数据的方法才是自检的关键。

1．响应时间

通过客服绩效软件查看阿里旺旺的响应时间，不管是售前岗位还是售后岗位，响应时间都是重要的考核指标，响应时间的重要性前面已经讲过多次，这里不再赘述。响应时间的考核标准可以参考天猫体验综合得分的 5 分标准来设置。

想要提升自己的响应时间，客服要先分析哪些问题导致响应时间不达标。通过客服绩效软件里的慢响应订单分析，系统会把超过 120 秒没回复的咨询判定为慢响应，每个慢响应订单的超时回复都用彩色标注出来，如图 4-16 所示。以下几类常见问题导致客服响应时间不达标，客服可以有针对性地逐一排查。

图 4-16

（1）能力问题。客服基本的打字速度不达标，客服岗位在招聘时要求打字速度最低 60 字/分钟。团队定期有客服打字比赛，通过刻意练习提升打字速度，还有以前分享的千牛软件使用技巧，也能有效提升响应速度。

（2）态度问题。阿里旺旺的提醒声音就是客服的"冲锋号角"，不管什么情况客服都应第一时间回复顾客问题，如果查到客服上班时间有浏览网页、刷手机等行为，按照绩效考核，根据情况不同可采取警告或者扣分处罚等措施。

（3）分流问题。客服能力不同，平台的流量也有不同时间段的峰值，如果客服的询单量超负荷，需要及时调整阿里旺旺的分流权限，或者增加智能机器客服的辅助工作，从而使数据达标。

（4）培训问题。订单分析结果发现客服对商品不熟悉，对店铺活动支支吾吾，店铺需要对客服进行有针对性的二次重点培训，以提升客服的专业能力。

（5）客观问题。以上都是一些客服的主观问题，还有一些客观问题，比如店铺需要客服挂多号，那电脑配置就需要升级，否则切换消息都会延迟，导致响应时间过长。客服的工作离不开电脑，所以定期的软件升级、查杀病毒和垃圾清理都是需要的，不能让这些外部因素干扰客服的回复速度。

客服只有清楚了解是以上哪种原因导致自己的数据不达标，才能有针对性地提升数据。

2. 客单价

关于店铺的客单价考核，有两个考量的标准：首先，要和同层同级的卖家做对比，就像华为管理方法里说的"两把剑"，"对外学标杆，对内复盘总结改进"，店铺的客单价考核的数据要参考行业数据；其次，和静默订单的客单价做比较，客服的询单自然应比静默的客单价高出一截，这样才能体现出客服主动推荐的效果。曾经看到一个奶粉店铺的客服绩效考核，客单价的指标不但比行业数据低很多，还比静默单的客单价金额低，那这样的考核指标就没有任何意义了。

客单价数据偏低，可以通过抽查成交订单的聊天记录，查看有没有主动的关联推荐。如果有推荐而成功概率很低，那就需要提升关联技巧的能力，进行案例分析和有针对性的培训。

"让来的人都买，让买过的人买更多"，这是客服服务的核心方向。无法提升客单价的客服很难达到优秀客服的标准，客单价高一定是主动推荐的结果，积极主动的服务是客服工作的关键动力。如果一个客服只是被动地机械应答，很快就会被智能客服所替代。

3. 询单转化率

客服的询单转化率在客服绩效软件里的名称是"最终付款成功率"，**最终付款成功率=最终付款人数/询单人数**。这项数据是客服考核权重占比最大的数据，但是关于转化率的计算结果，客服经常陷入以下四个认识误区。

误区 1：因为店铺接待量太少，所以转化率低。20 个人咨询，10 个人付款，和 200 个人咨询，100 个人付款，询单转化率都是 50%，接待量多少不是转化率高低的决定因素，关键还是看最终成交人数的多少。

误区 2：售后顾客太多，所以拉低了转化率。对于下单成功的顾客，系统默认 21 天内再来咨询并二次下单，可以将其计算到客服的转化率里，但是如果顾客只是来咨询售后问题并没有再次下单，是不计算在询单人数里的，所以售后顾客的多少不会影响客服的询单转化率。

误区 3：第二天主动追单，但是没有追单成功，所以导致转化率偏低。关于这个问题，系统同样筛选了数据，第二天跟进前一天的询单顾客，不算询单流失顾客，而且天数是可以调整的。比如有些高客单价的类目需要客服多次持续追单，在设置的限制天数内都只计算一次的询单流失。

误区 4：一两天的活动影响拉低了客服的转化率。活动大促前，咨询顾客激增，但都不是当天下单的，客服绩效软件里有一个选项"询单有效时长"默认为两天时间，也就是说，咨询的顾客只要在 48 小时内完成下单，都算客服业绩。客服绩效考核是以月为单位的，所以不存在一两天的活动影响拉低了客服的转化率。

客服应避开以上计算的误区，聚焦关键的数据提升，不管自己的接待量是多还是少，提升数据的关键是最终付款人数，也就是成交人数，如何让来的顾客都买，除了商品关键就是客服的销售能力了。影响客服转化率的因素很多，需要客服具备一定的洞察能力，通过客服的流失订单，第一时间判断出是因为推荐商品的能力不够专业，还是议价处理得不够灵活，或者是追单催付工作不积极。

以上三项核心数据在前面也都学习过，最终的数据是检验学习后的执行效果。以上三项数据是考核客服能力的关键数据，除关键数据之外，还有一些参考数据可以多维度反映一个客服的工作态度。

4.5.2 参考数据

客服绩效软件里的统计数据很多，无法一一纳入考核体系，因为工作量太大，也缺乏考核重点，但是不考核的数据不代表就不重要，很多参考数据一样决定了客服的服务质量。此类数据虽然重要，但是相较于核心数据其技术含量低，只需要通过硬性要求并设置好考核的标准即可。

关于客服态度，客服的回复率和答问比自然就是重要的参考维度。一条消息都不及时回复，或者只是一问一答，不愿意主动和顾客多说一句话的客服，很难成为一个热情积极的客服。对于答问比的要求，120%是及格线，如果是高客单价类目或者是定制类目的客服，答问比要达到150%以上，售后客服相对售前客服答问比也要更高一些，因为很多售后问题的妥善处理，需要客服积极主动联系顾客。

关于客服的接待量，虽然在核心数据的转化率里强调过，客服接待量的多少是不影响询单转化率的，但是客服接待量的多少却直接影响了客服的服务质量。接待量如果超过阈值，需要人工分流，将其控制在合理的接待上限，减少顾客的等待时间。

从下单到付款，当日付款成功率和最终付款成功率也会作为参考数据，从侧面考量客服是否有追单行为，追单的成功率是多少。关于最终付款成功率，行业最低标准不能低于95%，因为大量拍下没付款的订单会影响平台对于店铺的考核。

数据对每位客服都是真实公平的，而隐藏在数据背后的影响因素却是不同的，需要客服有能力分析并给出解决方案。在客服的每月综合考核中，数据考核占 70%，还有 30% 是聊天质检的打分。

4.6 打造聊天质检体系

成人的学习 70% 来源于岗位实践，20% 来源于与他人的交流，10% 来源于培训。小蓝工作有一段时间了，大魏建议她养成定期复盘的习惯，在实际工作中进行学习是最重要的学习形式。定期复盘是为了让客服不再犯过去的错误，总结规律，优化自己的工作流程，提高自己的销售能力。任何工作都需要复盘，客服每天面对不同顾客的各种要求，更需要通过复盘来分析订单流失的原因，总结处理问题的方案。而客服的复盘工作主要是通过聊天质检来完成的。

客服在接待中的问题分析，除了本书 4.5 节中讲到的数据诊断，还有一个重要路径就是 QC 质检，即通过随机抽查客服接待的咨询订单进行聊天质量检查，按照质检表格进行打分评定。客服质检工作通常由主管或者质检专员负责，客服也可以自检，质检的目的是及时发现聊天中的问题，优化服务的细节并跟进，最终改善方案的执行。

4.6.1 聊天质检的规范

很多店铺是想起来就随机检查一下，如果工作太忙就会不定期检查，没有把聊天质检当作一项常态的工作，更没有设置完善的质检标准，导致客服的服务质量忽高忽低。聊天质检是检验平时的培训及工作结果的关键指标。

1. 聊天质检的作用

通过聊天质检，分析客服聊天中的问题，特别是一些服务的细节，比如是否使用礼貌用语、是否使用违禁词，这些方面单从数据上是看不出来的，必须通过聊天质检才可以确认。

控制服务质量。在一个店铺中，客服的服务质量直接影响了顾客的购物决策，客服主管应检查客服在聊天过程中是否频繁使用快捷短语或者敷衍应答。有一次，小蓝在与顾客聊天中，让顾客自己看详情页选尺码，就被师父大魏扣了 2 分，大魏说这是在客服服务中严令禁止的行为。服务质量的控制不是凭客服个人的喜好来决定的，而是通过质检表来规范的。

表扬优秀案例，榜样的力量是无穷的。在质检的过程中不仅发现问题，还要总结经验，一些比较好的聊天记录可以作为示范案例展示，让其他客服参考学习，否则只讲不足之处，很容易导致一些负面的心理暗示，以为客服聊天都是这样的。

补充绩效考核。随着静默订单的增多，以及智能机器人的加入，单纯地用客服数据作为考核的唯一标准会有失偏颇，特别是对于想打造良好的客户体验的客服，关键要看客服在接待的时候怎么说。所以，绩效考核通常会有很大一部分分值来源于客服主管打分，而客服主管打分的标准就是质检得分。

2．聊天质检的常见问题

聊天质检"三天打鱼两天晒网"的主要原因，是客服主管总是觉得没有足够的时间做这件事。任何事情你给它安排了时间就有了时间，否则永远没有时间做这件事。对于时间的分配问题，简单的处理方式就是每天固定的时间做质检，比如每天下班前一小时。稳定的质检工作一是可以及时调整团队的服务状态，二是让客服知道工作是有检查和监督的，不至于在聊天时太随心所欲。

常规的客服质检不是查看每天所有的聊天记录，而是根据店铺的接待量，按照约定比例进行抽查，比如每天每个客服随机抽查20~30条的聊天记录进行问题分析。当然也可以按照客服数据进行调配，各项数据比较稳定且达标的老客服可以隔几天抽查一次，而对于新客服或者考核数据不达标的客服，就需要每天质检，重点分析流失订单，及时跟进反馈问题的改善结果。

聊天质检经常是说的时候客服都知道，做的时候总是老样子，质检花费了时间却没什么效果。一件事情知道和做到还有很远的距离，所以在做客服质检反馈时要聚焦问题，就是在质检反馈中聚焦一个问题，一次只解决一个问题，专注才能考虑得更全面。除此之外，问题的解决还需要刻意的练习，比如这一周只针对客服的追单问题，不管是态度还是技巧或者话术，关键要看结果，过两天再查看记录，看客服是否做了，做了马上表扬，这样一直训练让客服形成肌肉记忆，养成良好的工作习惯，而不是"一学就会，一做就废"。

3．聊天质检的标准

针对抽查出的订单问题，店铺需要制定统一的打分标准，如果只凭客服主管的个人喜好打分，几乎很难得到所有客服的认可。这个打分的标准就是店铺客服的QC评分表（客服聊天质量检查表）。店铺的客服主管需要制定一份客服的QC评分表，并对客服的聊天记录进行抽查，依据QC评分表的标准进行合理打分。

客服聊天质检的打分项一般由服务态度、服务能力和服务流程三部分组成。客服的考核分数可以通过表格统计，如图 4-17 所示。考核的项目和分数权重并不是千篇一律的，客服主管可以根据自己店铺需要提升的重点项设置。比如店铺客服的服务意识淡薄，经常因为一些态度问题错失顾客，客服主管就可以适当地把服务态度占比提高。

				客户中心QC评分表										
月份：12月			岗位：售前											
序号	信息			服务态度30%					服务能力40%			服务流程30%		评定描述	对话预览
	日期	旺旺号	顾客旺旺ID	开始语	结束语	再次问候	等待礼节	文字运用	耐心度	说明力	销售技巧	快捷语	业务遵守	业务操作	总分
				5	5	5	5	5	5	15	20	5	20	10	100

图 4-17

4.6.2 聊天质检的执行

有了质检时间，也掌握了质检的标准，可是如何解决质检中发现的问题，让客服意识到自己工作中的不足，进一步提升服务质量呢？大多数人对待批评都有自我防御机制，并不会欣然接受。所以，我们在给别人提建议的时候，先要肯定别人的成绩，只有感觉到被尊重、被认可，对方才会乐于配合。

当遇见问题时，我们的惯性思维都是先发现问题，再分析问题发生的原因，然后从根本上解决，这种方法初期很有成效，可是一直使用就会发现效果越来越不明显。客服岗位的问题相对来说还是比较集中的，梳理出来不是那么困难，相对于客服的销售技巧更重要的是服务意识，要实现长期并且有效的质检，需要采取不同的管理策略，"找亮点"就是一种行之有效的质检方法。

"找亮点"来源于一种心理治疗——焦点解决短期治疗，也叫"焦点疗法"。治疗时，心理医生不在乎患者的过去，也不追究患者为什么会变成现在的样子，医生只问患者"好的时候"是什么样的，找寻患者的亮点。

比如在聊天中发现客服追单不积极，通常客服就会反过来抱怨：现在顾客都很难搞定，总是问问就走，追单也不理。此时，我们可以尝试着不要马上以指导的口吻强调追单的时间、告知追单的技巧，而应换一种方式，引导客服回想某位顾客不是那么难说话，顺利销售是什么样的。

先问客服：你试着回想一下，有没有哪天觉得销售特别顺利？她说，前天就很顺利，遇见的顾客都比较好说话，还成交了几笔大订单呢，特别有成就感。**再问客服**：能回想起那天销售顺利的原因吗？她会列举各种原因，比如那天提前10分钟上班，打开电脑就遇见一位顾客特别好说话，很顺利地成交了，心情很好，然后又来了一位顾客，比较挑剔，问了很多有关产品的问题，她都耐心地回答，打消了顾客的疑虑，最终也顺利成交了。**接着问客服**：第二位顾客的成交是否和第一位顾客的顺利成交有关系呢？她说，当然有呀，刚上班就接大单，心情好，看每个顾客都觉得很好，服务也更加热情。**最后问客服**：今天是不是遇见了某位顾客影响了你的心情？她就会细说原委。每天我们都会遇见不同的顾客，我们应尽量记住并延续顺利成交带来的好心情，认真服务每一位顾客，看看是否会有不同的发现。

在服务岗位上，客服的心情直接影响着服务的质量。很多时候不是客服不懂销售技巧，而是其没有热情服务的能量源，这种能量源有的来自自驱力，有的就需要客服主管不断引导客服找到自己工作中的亮点。比如，客服主管可定期组织案例分享，鼓励大家分享正面的案例。下面是一个户外用品店铺客服的精彩分享，分享的是一个追单成功的小故事。

一位顾客咨询店铺的热销款钓鱼服，在咨询完商品后，他对客服说"感觉有点儿贵了"，客服给出了店铺的满减优惠，顾客没有回复，客服之后追单也显示未读。第二天上班，客服再次发出消息，说今天帮顾客申请了额外赠品，这时客服惊喜地发现消息是已读状态，顾客不但已读消息，还回复了"谢谢"，而且顾客自己也觉得这款衣服不错，正好钓鱼需要。当客服以为一切水到渠成时，顾客再次提出"衣服有点儿贵，自己再看看"，客服邀请顾客加了好友。第三天，客服再次打开同顾客的聊天窗口，在右侧窗口的浏览轨迹中发现顾客还在继续看店铺商品，这时候客服判断顾客的购买意愿特别强，于是再次跟进订单，对于价格的疑虑向顾客做了一些补充说明，并承诺收货满意会赠送10元红包，这样不仅追单还把评价引导也一起做了。

最后，顾客顺利下单了，虽然成交的时间比较长，但是客服分享时的语气，那种内心的喜悦和骄傲不是一个成功订单所能表达的，并且带动其他客服也先后分享自己曾经追单时间最长的案例。那一瞬间,相信每位客服的内心都看见了亮点。

找亮点,其实是一种比较反直觉的方法,**因为我们的头脑倾向于关注问题而不是关注亮点,问题能刺激到你,亮点不会刺激你**,别人做错一件事我们很敏感,别人做对的事我们可能不会注意。所以在质检的时候,客服主管需要反馈客服的工作问题,更要学会发现客服工作中的亮点,这样更容易让客服接受客服主管的意见,进一步完善自己的服务。

4.7 优化客服绩效方案

一个月的实习期很快就过去了,小蓝第一个月的绩效顺利达标,她终于转正了。无双主管恭喜了小蓝,同时也告诉她,转正的客服每月会有严格的绩效考核。

根据平时的客服数据诊断和聊天质检,无双主管对于店铺客服的能力,以及每个客服擅长或者不足的地方,都进行了综合的分析。同时,根据不同客服需要提升的能力及团队需要完成的目标,无双主管还制定了客服团队的绩效方案。

绩效考核的目标不是为了扣钱，而是为了激励客服更好地完成目标，但是在绩效考核里罚也是必不可少的部分，如果做好做坏一个样，那谁还努力做好呢，只不过罚不是手段而是底线，踩到底线，那就离被淘汰不远了。所以，明确的 KPI 考核制度可以有效地检验工作的完成度。

绩效管理也不是简单兑现绩效工资，而是为了促使客服把工作干得更好。更好的结果需要通过有动力的绩效方案来实现，而一个店铺绩效方案的制定，则需要经过定目标、追过程、拿结果三个步骤，缺一不可。

4.7.1 定目标

绩效的目标不是凭空想出来的，而是通过数据统计分析出来的，好的绩效一定是奖惩有度。奖励做得好的客服，让优秀的客服有晋升的机会；而对于那些考核不合格的客服，通过再培训、绩效扣分，甚至最终淘汰，完成客服团队整体水平的提升。合理的绩效目标，需要符合以下三个原则。

1. 简单化

客服应详细了解绩效考核的相关数据、数据计算的逻辑，清楚在工作中数据达标的要求；解读聊天质检的评分标准，客服应明白哪些服务行为会给自己加分，而哪些行为又会被扣分。不管是数据考核还是质检评分，要让每位客服都清楚地知道考核标准，从而调整自己的努力方向，清晰的绩效目标一定是双方达成共识的目标。

2. 数据化

数据管理是科学，而单纯地讲道理只是在内耗，数据是最直观的结果，也是相对公平的考核方案。绩效考核的标准数据，一般有两个参考指标：一是店铺平均水平，既不能按照最高标准设置数据，让客服月月被扣钱，又不能按照最低标准要求，那样的话客服对于 KPI 考核一点儿压力都没有，同样会缺乏工作的积极性，同时也完全失去了绩效考核的意义；二是行业的数据，在一些疏于管理的团队中，店铺客服的询单转化率不足 30%，而这个类目大多数店铺都可以达到 40%，那设置 30%的询单转化标准就是掩耳盗铃了。

3．合理化

绩效的目的从来都不是扣钱，每项数据的设置都应该符合店铺的实际情况，并且可操作执行。比如，店铺的接待量为 300 人次以上，要求客服平均响应时间为 15 秒，这就不太合理了。曾经一个店铺的客服主管计划将客服转化率设置为 70%，现有的几位客服能达到这个水平的只有一位，而且是偶尔可以达到 70%的转化率。那么，这种数据对于大多数客服来说是不合理的。

利用以上三个原则找到自己的绩效目标，然后同店铺现有的数据做对比，两者数据之间的差距，就是需要解决的问题。发现问题说明已经完成了一半的工作，但是问题的解决不是一蹴而就的，很多店铺的绩效方案就是定目标、拿结果，少了中间一个关键步骤——追过程。

4.7.2 追过程

目标已经确定，但是达到目标的路有多远，如何快速达到目标，客服主管是一个非常重要的角色。很多团队在培训的最初几天，数据都会突飞猛进，但是过一段时间又会回到原点，主要原因是在培训期间缺乏一个得力的客服主管，客服主管应不断地追过程，并且给出积极的反馈。对于一个新知识的记忆，大脑形成记忆过程是需要反复刻意练习的。

想要达到考核目标，客服主管需要通过大量咨询的订单来分析客服聊天中存在的问题，针对问题给出优化方案。订单包括询单流失的、付款流失的，还有已成交的。不同的订单状态有不同的销售问题，客服主管应针对客服聊天中的商品专业推荐列出存在的问题，同时给出解决的方案及参考的话术。

客服再遇见上述类似的案例，就可以举一反三参考这些案例进行回复，解决顾客的问题。绩效的"追过程"其实就是一个"质检—反馈—再质检"

的循环。没有最好的服务，只有更好的服务，通过优化每个服务环节，提升客服团队的服务质量，从而实现数据提升。

在追过程的时候，客服主管还要学会拆分目标。比如响应时间的调整，一个客服本来的响应时间是 38 秒，现在行业的 5 分标准是 22 秒，若团队的绩效标准随之调整到 22 秒，让一个客服短期提升如此高的效率是很难做到的。这时，客服主管可以将响应时间拆分成三个小目标：第一步，通过快捷短语的配合使用，客服的响应时间争取达到 30 秒以内，这不是一个很难的目标；第二步，掌握千牛软件的使用小技巧，再把数据提升到 25 秒，这也是可以做到的；第三步，利用输入法多设置一些关联词语，并且刻意训练客服的打字速度，从而达到目标。这样的目标拆分，既不会让客服有太大压力，也让客服有据可循。

所以，追过程既是一个坚持的过程，也是一个充满智慧的过程，客服主管通过自己的经验分享、专业技能培训，就可以一步步打造优秀的客服团队。

4.7.3 拿结果

当我们明确了目标，也掌握了达到目标的方法，就到了通过绩效考核拿结果的时候了，如图 4-18 所示。考核的关键数据在前面介绍数据分析的时候都讲解过，具体包括数据获取的方式和计算逻辑、提升方法等。图 4-18 所示的是通用的简单版本，适合于大多数商家使用，里面的 KPI 指标选项和权重都可以自定义添加或者删减，评定标准可以根据前面定目标的结果，按照合理目标修改成固定的数据。

考核的结果需要客服主管进行客观打分，同时也可以邀请客服进行自评，以军令状等形式激发客服完成目标的信心和勇气。其实每个人相对于他人提出的问题，更容易接受并改正自检中发现的问题。

××××客服薪资考核表

序号	KPI指标	评定描述	评定标准	分值	权重	得分
1	首次响应时间（首响）	首次客户接待响应时间	小于4秒	120	5%	
			小于6秒	100		
			小于8秒	80		
			小于10秒	60		
			大型活动期的首响小于40秒			
2	询单转化率	最终下单人数/咨询人数（按月接待人数2000人以上为基数）	大于或等于平均值3分	120	30%	
			大于或等于店铺平均值	100		
			小于店铺平均值	80		
			小于或等于店铺平均值3分	60		
3	平均响应时间	每天接待客户平均响应时间	小于或等于店铺平均值5秒	120	5%	
			小于或等于店铺平均值	100		
			大于店铺平均值	80		
			大于或等于店铺平均值5秒	60		
4	客件数	每个客人平均购买件数	大于店铺平均值10%	120	10%	
			大于或等于店铺平均值	100		
			小于店铺平均值	80		
			小于店铺平均值10%	60		
5	技能态度	回答时专业技能、接待话术、服务态度，包括售后接待服务态度	定期抽查，由客服主管打分	100	50%	
				80		
				60		
6	投诉差错	有责投诉次数	每次扣10分	-10		
		违规差错次数	每次扣20分	-20		
7	店铺投诉	店铺点名表扬一次	每次加10分	10		
		店铺点名批评一次	每次扣10分	-10		
8	每周黑红榜	红榜	每次加10分	10		
		黑榜	每次扣10分	-10		
				得分合计		

图 4-18

除了日常的绩效考核，还有客服层级和职务的综合评分考核。比如，客服有不同层级（如初级、中级或者高级）、不同职务（如客服组长、客服经理等职位）、奖惩合理的绩效、上升通道的综合评分，这样的客服团队才更加稳定。团队管理工作主要是围绕用、育、留三个环节进行的，即在团队建设的时候选用合适的人员、在培训时培育合格的岗位人员、在绩效考核时选留用更优秀的客服人员。

新电商精英系列丛书累计销量突破**100万册**

两次荣获电子工业出版社**最佳品牌奖**

电商图书 旗舰品牌

经典教程 全新升级

电商运营（第2版）
ISBN 978-7-121-36618-5

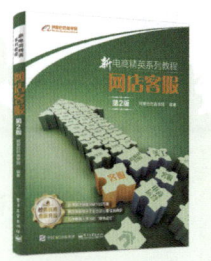

网店客服（第2版）
ISBN 978-7-121-36633-8

网店美工（第2版）
ISBN 978-7-121-36616-1

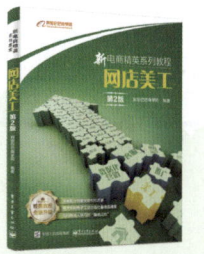

网店推广（第2版）
ISBN 978-7-121-36617-8

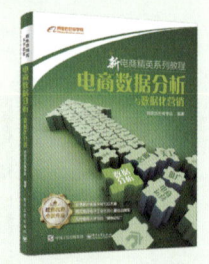

电商数据分析与数据化营销
ISBN 978-7-121-36613-0

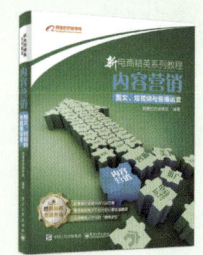

内容营销：
图文、短视频与直播运营
ISBN 978-7-121-36614-7

跨境电商运营实务：
跨境营销、物流与多平台实践
ISBN 978-7-121-36615-4

全彩印刷

国内电商运营、美工、客服书籍的**新起点**！
淘宝大学电子商务人才能力实训（CETC系列）

《网店运营、美工视觉、客服（入门版）》
ISBN: 978-7-121-32632-5

《网店运营（提高版）》
ISBN 978-7-121-32633-2

《网店美工视觉与客服（提高版）》
ISBN 978-7-121-32900-5

淘宝官方首套内容电商运营系列丛书！

快抓住中国电商第三次浪潮！

电子工业出版社咨询或投稿，
请联系010-88254045，
邮箱：zhanghong@phei.com.cn

在哪儿可以买到这些书？
线下书店、当当、京东、亚马逊、天猫网店均可购买。

互联网商业时代，管理、产品、运营图书力荐！

《阿里三板斧：重新定义干部培养》

企业头部、腰部、腿部干部成长手册！

阿里三板斧原课程设计者力作！

历经阿里实践检验与百场中小企业实操验证

作者：肖利华等
ISBN 978-7-121-40931-8

作者：赵先超
ISBN 978-7-121-37045-8

作者：腾讯研究院 腾讯开放平台
ISBN 978-7-121-32890-9

作者：黄有璨
ISBN 978-7-121-31154-3

作者：吴昊
ISBN 978-7-121-38637-4

作者：苏杰
ISBN 978-7-121-31140-6

作者：数据学院
ISBN 978-7-121-40630-0

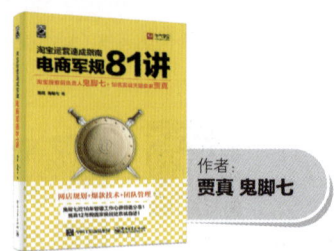

作者：贾真 鬼脚七
ISBN 978-7-121-33948-6

作者：老魏
ISBN 978-7-121-39404-1

科技商业类书稿写作、投稿咨询
请联系010-88254045，
邮箱：zhanghong@phei.com.cn

电子工业出版社
PUBLISHING HOUSE OF ELECTRONICS INDUSTRY
http://www.phei.com.cn